발도르프학교의 아이 관찰

6가지 체질 유형

학교 보건문제에 관한

루돌프 슈타이너와

교사 간의 논의

Konstitutionsfragen im Schulalter

Korean translation © 2020 by Green Seed publications

이 내용의 한국어판 저작권은 미하엘라 글렉클러Michaela Glöckler박사와 독점
계약한 [사]발도르프 청소년 네트워크 도서출판 푸른씨앗에 있습니다.

**Konfernien mit den Lehern der Frern der Freien Waldorfschule in
Stuttgart 1919 bis 1924, in3 Bdn.(GA 300b)**

Korean translation © 2021 by Green Seed publications

이 내용의 한국어판 저작권은 [사]발도르프 청소년 네트워크 도서출판 푸른씨앗에
있습니다.

이 책은 저작권법에 따라 한국 내에서 보호를 받는 저작물이므로
무단 전재와 복제를 금합니다.

발도르프학교의 아이 관찰

6가지 체질 유형

미하엘라 글렉클러 강의
하주현 옮김

1989
Michaela Glöckler

**학교 보건 문제에 관한
루돌프 슈타이너와
교사 간의 논의**

최혜경 옮김

1923
슈투트가르트

도서출판
ㅍㄹㅆㅇ
푸른씨앗

일러두기

• 1919년 9월부터 1924년 9월까지 6년 동안 독일 슈투트가르트에
  있는 초대 발도르프학교의 교사들은 학교의 미래를 계획하기 위해
  교사 회의를 열었다. 루돌프 슈타이너는 학교장으로서 이러한
  토론에 참여하고, 수업을 참관했으며, 학부모와 학생들과 이야기
  나누고, 설립 교사들과 새로운 교사들을 지도했다. 이러한 만남을
  통해 슈타이너는 발도르프학교의 발전과 교육의 기초를 다졌다.
  이 만남은 『슈투트가르트 자유 발도르프학교 교사들과의 간담회,
  1919년부터 1924년까지, 전 3권Konfernien mit den Lehern der
  Frern der Freien Waldorfschule in Stuttgart 1919 bis 1924,
  in3 Bdn (GA 300a-c)』로 기록되어 있다.
  이번 개정증보판에는 이 기록 중 〈6가지 체질 유형〉 강의를
  뒷받침하는 〈1923년 2월 6일 교사들과의 간담회(GA 300b)〉를
  첨부했다.

• 본문 중 GA는 슈타이너 전집의 서지 번호이다.

차례

6가지 체질 유형   11

　　1. '큰 머리' 아이와 '작은 머리' 아이   13

　　2. '지상적' 아이와 '우주적' 아이   57

　　3. '환상이 많은' 아이와 '환상이 적은' 아이   85

학교 보건 문제에 관한 루돌프 슈타이너와 교사 간의 논의   109

발도르프학교의

아이 관찰

<u>6가지 체질 유형</u>

이 강의의 주요 주제는 큰 머리 아이/작은 머리 아이, 우주적 아이/지상적 아이, 환상이 많은 아이/적은 아이 등 6가지 체질 유형이다. 모든 유형은 건강하다. 각각은 물질 육체, 에테르체, 아스트랄체에서 '자아'가 활동하는 상태를 보여 준다. 괴테아눔 의학 분과장인 미하엘라 글렉클러 박사는 1989년 오이겐 콜리스코Eugen Kolisko 박사를 기념하는 첫 번째 콜리스코 콘퍼런스를 주관했다. 10월 22일부터 28일까지 독일 슈투트가르트에서 열린 이 콘퍼런스에는 25개국이 넘는 세계 각국의 교사, 치료사, 의사 수백 명이 참석해서 일주일 동안 상급 학교(8~12학년) 교과 과정부터 마약, 여러 어려움이 있는 아이, 조용한 아이, 초등학교 입학 적정 발달 등 아동 발달의 여러 측면을 함께 살피고 논의했다. 글렉클러 박사의 이 강의에는 발도르프 교육에 대한 풍부한 지식과 경험에서 나온 귀한 정보가 가득하다.

1. '큰 머리' 아이와 '작은 머리' 아이

어려움이 있는 아이들에 관한 루돌프
슈타이너Rudolf Steiner의 강의에는 '미소 뇌기능
장애', '공격적 행동', '과잉행동'이나 '환경 반응
변화'* 같은 진단명이 등장하지 않습니다.
따라서 이런 용어에 익숙해진 요즘 우리들은

---

* 옮긴이_프랑스 생리학자 클로드 베르나르Claude Bernard가 제안한
  '신체 내부 환경 항상성' 개념

먼저 슈타이너가 아이를 묘사하는 방식, 아이의
참된 본성에 한 걸음 다가가게 해 주는 그
시선을 이해하기 위해 노력해야 합니다.
연속 강의 『인간에 대한 앎과 수업 형성
Menschenerkenntnis und Unterrichtsgestaltung』
(GA 302)과 1923년 2월 6일 강의*에서
슈타이너는 아이들을 6가지 유형의 체질
관점에서 묘사합니다. **큰 머리** 아이와 **작은
머리** 아이, **지상적** 아이와 **우주적** 아이, **환상이
많은** 아이와 **환상이 적은** 아이라는 유형
분류는 슈타이너의 4가지 기질**에 대한
언급과 함께 아이의 근본적인 체질 특성을
이해하도록 도와줍니다. 아이들은 이런 체질
특성을 통해 자기 자아-존재를 드러내고

⌒

* 『슈투트가르트 자유 발도르프학교 교사들과의 간담회 1919년부터
  1924년까지, 전 3권Konferenzen mit den Lehrern der Freien Wal-
  dorfschule in Stuttgart 1919 bis 1924, in 3 Bdn.』(GA 300b) 중
** 옮긴이_담즙질, 다혈질, 우울질, 점액질

계속해서 '자기 자신'의 본모습에 점점 다가가는 법을 배워 나가야 합니다. 아동기와 청소년기 아이들을 위한 교육과 의학의 공통 과제는 아이의 개별성이 이러한 체질적 조건을 지닌 자기 신체를 완전히 자기 것으로 개별화하는 과정을 돕는 것입니다. 6가지 체질 유형은 4가지 기질만큼 널리 알려진 방법은 아니기 때문에 이 글이 여러분의 관심을 촉발하는 계기가 되었으면 합니다.

슈타이너는 인간의 3중성에 근거해서 **큰 머리** 아이와 **작은 머리** 아이에 대해 이야기했습니다.* 슈투트가르트 발도르프학교 의사인 오이겐 콜리스코Eugene Kolisko가 동석한 자리에서 슈타이너는 인간 본성을

---

* 1923년 2월 6일 교사들과의 간담회(GA 300b), 이 책 109쪽부터 참고

3중적으로 바라보는 눈이 교사와 의사의 '살과 피 속에' 들어가야 한다고 강조했습니다. 우리가 이 세 가지 체계의 실재를 내적으로 체험할 때, 다시 말해 세 가지 체계의 기능과 힘을 스스로 직관할 수 있을 때 비로소 그 통찰의 인도를 받아 아이가 내면에서 어떻게 느끼고 어느 지점에서 힘들어 하는지, 그리고 수업에서 무엇을 필요로 하는지를 알아보는 눈이 깨어나기 때문입니다.

먼저 인간의 3중적 본성과 주변 세상과의 관계성을 살펴보겠습니다. 인간은 신체, 영혼, 정신이라는 세 가지 방식으로 세상과 관계 맺습니다. 우선 청각, 미각, 후각, 촉각, 시각 같은 감각으로 세상을 만납니다. 감각 체계는 사고와 연결되어 있으며, 사고는 감각 경험을 표상으로 떠오르게 합니다. 신경-감각과 세상이

이처럼 긴밀하게 연결되어 있다 보니 신경과
감각 기관의 활동이 원활할수록 우리는 세상의
다양한 특질 속으로 더 잘 들어갈 수 있고, 있는
그대로의 실재를 더 잘 지각하고 마음속에
표상으로 떠올릴 수 있습니다.

지각과 사고 행위에서 우리는 스스로를
세상과 비슷하게 만들고, 외부의 실재에 우리를
조심스럽게 맞추며, 대상의 진정한 본성을
이해하기 위해 노력합니다. 우리는 관찰과
사고를 통해 주변 세상과의 일치를 추구합니다.
누가 어떤 꽃을 보았다는 말을 듣고 다른 사람이
밖으로 나가 그 꽃을 봅니다. 둘 다 같은 대상을
보았습니다. 이 때 우리는 함께 관찰한 객관적
진실에서 일치합니다. 상위 영역인 신경–감각
체계에는 세상을 받아들일 수 있는 능력,
세상이 자기 모습을 있는 그대로 각인하도록
용인하는 힘이 있습니다. 우리 영혼 생활의

풍요로움은 이런 감각 인상에서 만들어집니다.

　신진대사 체계, 특히 입과 장, 항문을 통해
세상과 맺는 관계는 전혀 다릅니다. 주말에
일주일 치 장을 봅니다. 아이스크림부터 냉동
생선, 시금치 등 온갖 맛있고 좋은 식재료를
한 아름 사 옵니다. 냉장고에 넣어 놓은 이
재료는 시간이 지나면서 차례로 우리 몸속으로
들어갑니다. 여기서는 신경–감각 체계와
정반대의 일이 벌어집니다. 소화 과정이
정상적으로 진행되면 어떤 것도 본래 모습을
그대로 유지하지 못합니다. '세상'이 입에 들어온
즉시 우리는 치아로 우리 자신을
'각인'합니다. 이로 씹고 으깰 때 음식은 우리의
각인을 받아들이면서 변화합니다. 이어지는
소화 과정에서 우리는 계속해서 재료를 녹이고
분해하고 광물화합니다. 세상은 자기 존재
차원에서는 죽었다가, 신진대사 활동을 통해

우리 안에서 새롭게 태어나 인간을 구성하는
질료로 변형됩니다. 하나가 죽고 다른 하나가
태어나는 사건이 벌어지고 있는 것입니다. '죽은'
식물성, 동물성 질료와 소화액으로 용해한
광물성 질료에서 인간 신체 질료를 만드는 일이
신진대사 체계의 역할입니다. 이 새로운 창조,
완전히 개별적이며 세상의 물질 존재에서 단
한 번만 이루어지는 이 창조는 신진대사를
통해 일어나며, 이를 통해 신체를 구성하는
개별화된 단백질이 축적됩니다. 인간이 감각
지각 과정에서 세상이 되는 것처럼, 소화 기관의
작용을 통해 세상은 인간이 됩니다.

세상과의 세 번째 관계성 혹은 세상으로
열린 세 번째 문은 호흡입니다.
이때의 대상은 고체(음식), 액체 질료도, 빛,
바람, 소리, 온기(감각 인상)도 아닌 주변 대기가

들어오고 나가는 과정입니다. 신체 중간
영역인 호흡 체계에서는 아주 특별한 활동이
일어납니다. 세상의 일부를 받아들였다가
(신진대사처럼, 즉 산소와 이산화탄소를) 교환합니다.
우리는 들이마신 공기에서 약 4%의 산소만 취한
뒤, 내부에서 생성했지만 더 이상 필요하지 않은
이산화탄소를 내쉽니다. 여기서 특이한 것은
들이마신 공기 대부분을 들어왔던 상태 그대로
내보낸다는 점입니다. 아무 변화 없이 그대로
나간 공기에서는 신경-감각 활동과의 유사성을
발견할 수 있습니다. 신경-감각 활동에서
우리는 세상을 있는 그대로 받아들이고 제
모습을 유지하도록 내버려 둡니다. 이상한 점은
양적인 차원에서 볼 때 이 중간 영역에서는
개별성을 각인한 부분보다 우리가 바꾸지 않고
'세상' 그대로 놔둔 부분이 훨씬 많은 비중을
차지한다는 사실입니다. 이는 들이쉬고 내쉴 때

호흡으로 들어온 공기 대부분을 '사용하지 않은'
채로 내보내기 때문입니다. 날숨 속에 호흡이
정지된 사람에게 인공호흡을 해서 소생시킬 수
있을 만큼 산소가 충분히(약 17%) 남아 있다는
사실에서 이를 확인할 수 있습니다. 인공호흡을
받는 사람도 호흡 혹은 '가스 교환'을 위해
필요한 4%의 산소를 추출할 수 있는 것입니다.
이렇듯 신체의 중간 영역에서는 세상의 일과
개인적 필요가 세상에 이로운 방향으로 멋진
조화를 이루고 있습니다. 인간은 신체적 본성
속에 자신을 위해 세상에 요구하는 것보다
세상을 위해 더 많이 내놓을 수 있는 잉여분을
갖고 있습니다.

　　또한 인간의 중간 영역은 신체의 무거움과
가벼움 사이에서 호흡합니다. 여기서도 신경계와
소화계라는 양극의 두 가지 특이성을 볼 수

있습니다. 두뇌를 중심으로 한 신경계는 뇌척수액 속에 떠 있기 때문에 부력(가벼움)을 얻는 동시에 중력의 영향에서 어느 정도 자유롭습니다. 반면 횡격막 아래 복강 속 장기들은 중력으로 인해 아래로 늘어진 것을 볼 수 있습니다. 마른 사람의 위장은 밑으로 많이 쳐지지만, 뚱뚱한 사람의 위장은 내부를 덮은 지방층 때문에 살짝 올라가 있습니다. 이렇듯 횡격막 아래에서는 중력이 신진대사 체계에 지대한 영향을 미치는 반면, 중력의 영향에서 많이 벗어난 신경 체계는 아르키메데스 법칙에 따라 가볍게 둥둥 떠 있습니다. 우리는 영혼 활동* 역시 이 세 가지 체계**의 특성과 각각 상응하는 방식으로 연결되었다고 느낍니다.

---

* 옮긴이_사고 활동, 느낌 활동, 의지 활동
** 옮긴이_신진대사 체계, 신경 체계, 리듬 체계

우리는 의식적 사고 활동의 내용을
물질적이고 무거운 것이 아닌 가볍고 환한
것으로 느낍니다. '무거운' 생각이라도 그 측면에
있어서는 가볍습니다. 흉강 내 폐가 위치한
신체의 중간 영역에는 항상 음압negative pressure
이 존재합니다. 흉강의 음압은 숨을 들이쉬는
동안 증가했다가 내쉴 때 유지되면서 폐가
찌그러지지 않게 해 줍니다. 이처럼 들이쉬고
내쉬는, 혹은 빨아들이고 내보내는 과정 속에서
위와 아래, 가벼움과 무거움 사이 균형이
이루어집니다. 이 균형 상태 역시 본질적으로
가볍습니다. 그래서 감정이 사고보다는 신체에
종속되었다고 느끼면서도 우리는 감정을 가볍고
유연한 것으로 여깁니다. 반면 의지는 완전히
신체의 무거움, 신체 자체와 연결되었다고
느낍니다. 모든 움직임을, 말하자면 중력을
거스르는 방향으로 팔다리를 움직이며

끌어내야 한다고 느끼는 것입니다.

인간은 신체를 통해 세상과 3중적 방식으로 연결됩니다. 영혼 생활을 통해서도 3중적 방식으로 세상과 관계 맺습니다. 영혼에서 우리는 의지 활동, 사고 활동, 그리고 그 중간인 느낌 활동을 하면서 우리 자신과 세계의 균형을 추구합니다. 호흡의 리듬은 우주의 리듬과 놀라운 조화를 이루고 있습니다. 이완한 상태에서 우리는 1분당 18회 숨을 쉽니다. 1시간이면 1,080번, 24시간이면 25,920번 호흡하는 셈입니다. 그런데 이 숫자는 춘분날 태양이 떠오른 지점이 황도대를 한 바퀴 도는 데 걸리는 햇수와 동일합니다. 이 25,920년을 '플라톤 해Platonic Year'나 '대년Great Year'이라고 부릅니다. 루돌프 슈타이너는 인간 삶과 세계 운행 사이의 이 특별한 관계를 여러 강의에서 언급했습니다. 1년이라는 태양 주기 동안 일어나는 겨울과 여름(추위와 더위), 그 중간의 봄과 가을은, 지구 위에서 24시간 동안 벌어지는 밤과 낮(추위와 더위), 그 사이의 새벽과 황혼이라는 어스름의 분위기와 상응합니다.

영유아의 신경-감각 체계와 신진대사 체계는 아직 하나로 연결되어 있고, 자율적으로 힘차게 활동하는 중간 영역은 아직 발달하지 않은 상태입니다. 학교에 입학한 아이들을 위한 교사와 의사의 첫 번째 과제는 그 중간 영역이 교육과 의학의 차원에서 모두 건강하게 발달하도록 도와주는 것입니다. 바로 이 영역에서 개인적 필요와 세상의 과제가 조화를 이루어야 하며, 그럴 때 비로소 우리는 스스로가 진정한 인간이라고 느낄 수 있기 때문입니다. 퉁명스럽고 거친 말을 들을 때 우리는 비인간성에 상처를 입지만, 이해를 담은

눈길이나 격려의 몸짓에서는 위안을 얻고 같은 인간이 보내는 공감을 경험합니다. 세상과 만나고 합일하는 영역, 자신에 대한 앎, 체험이 세상에 대한 앎, 체험과 조화롭게 만나는 이 중간 영역에 우리의 인간성이 존재합니다. 우리의 과제는 교육을 통해 이 인간성을 더욱 강화하고 북돋아 주는 것입니다.

태어나면서부터 신경-감각 체계와 신진대사 체계가 불균형한 아이들이 있습니다. 슈타이너는 앞서 언급한 1923년 2월 6일 교사들과의 간담회에서 이 아이들에 대해 이야기합니다. 물론 현실에서 이 두 체계가 완벽한 조화를 이루며 상호 작용하는 사람은 아무도 없다는 위안의 말도 잊지 않습니다. 모든 사람의 평형 저울은 이쪽이나 저쪽으로 살짝 기울어져 있기 마련입니다. 그렇기 때문에 모든 아이를 대할 때 마음속으로 항상 이런 질문을 떠올려야 합니다. "너의 세 가지 체계는 어떻게 상호 작용하고 있을까? 너의 중간 영역이 튼튼하게 성장하는데 어떤 도움을 줄 수 있을까?"

위에서 언급한 강의에서 슈타이너는 세 가지 체계와 관련한 유형 분류에서 가장 쉽게 파악할 수 있는 두 유형인 **작은 머리** 아이와 **큰 머리** 아이의 특징을 묘사합니다. "우리에게는 신경-감각 체계가 있습니다. 신경-감각 체계를 올바로 이해하기 위해서는 그것이 지상적 물질의 물리-화학 법칙이 아닌 다른 법칙의 지배를 받으며, 신경-감각 체계를 통해 인간은 지상적 물질 법칙 이상의 존재로 올라간다는 것을 알아야만 합니다. 신경-감각 체계의 형성은 전적으로 전前 지상적 현존의 결과이기 때문입니다. 인간의 신경-감각 체계는 탄생 이전의 삶에 따라 부여받은 것입니다. 신경-감각 체계의 모든 물질 법칙은 지상적 물질성을 벗어나기 때문에 신경-감각 체계는 정신-영혼과 관계된 모든 기능을 독자적으로 전개할 수 있습니다."*

몸통, 사지에 비해 머리가 크게 발달했다는 것은 신경-감각 체계가 다른 체계와 조화롭게 통합되지 않았음을 의미합니다. 이 유형에 대해 슈타이너는 아이의 아스트랄체와 자아가 사실상 신경-감각 체계에 접근하지 못하는 상태라고 말합니다. 그로 인해 이들은 주변에서 벌어지는 세상일과 사건에 감각 기관을 통해 적극적이고 기민하게 참여하기보다 현실에서

---

* 1923년 2월 6일 교사들과의 간담회(GA 300b)

동떨어진 채 백일몽에 빠지는 경향을 보입니다. 두뇌가 뇌척수 액 속에 떠서 중력에 크게 영향을 받지 않으며 두개골에 싸여 보호를 받는 것처럼 이 아이들은 신경-감각 체계의 힘에 지나치게 몰두할 위험이 있습니다. 여기서 '머리가 크다'는 현상은 외형적 치수만의 문제가 아닙니다. (머리의 지름으로 어느 정도 명확하게 알아볼 수는 있습니다) 가장 중요한 것은 신경-감각 과정과 나머지 유기체가 제대로 통합되지 못한 탓에 감각 인지 활동을 통해 주변을 깨어서 파악하는 힘보다 사고 활동이 압도적으로 크다는 점입니다.

이러한 **큰 머리** 아이를 눈앞에 떠올려 봅시다. 약간 무의식적으로 걸으면서, 생각에 잠겨 꿈꾸듯 교실을 돌아다닙니다. 주변 세상을 적극적으로 받아들이거나 열띤 반응을

보이지 않습니다. 어딘가에 멍하니 서서 꿈꾸는
시선으로 주변을 바라보는 모습을 자주
목격할 수 있습니다. 세상 사물을 주의 깊게
관찰하기보다 벌어지는 일의 전반적인 인상만
파악한다는 느낌을 받습니다.

여러분이 학교에 도착했을 때, 이 아이들은
벌써 와서 자기 자리나 창가에, 겨울이라면 난로
옆에 서 있을 것입니다. 한 가지에 집중하거나
선명하게 구별하기를 어려워하고, 사람들의
말을 듣거나 사물을 파악할 때 피상적 수준에
머무르고 맙니다. 마주친 대상이나 사건을
필요할 때 불러낼 수 있도록 사고 속에 명확한
표상으로 만들지 못합니다. 반면 이러한
아이에게는 심상과 꿈이 넘칩니다. 영혼 생활이
풍요롭고 성격은 명랑, 쾌활합니다. 기질에서는
다혈과 점액이 지배적입니다.

　　이 경우에는 균형을 위해 어떤 도움이

필요할까요? 아이가 변별력을 키우고 사물이나 현상을 명확하게 인식하게 하려면, 다시 말해 '땅으로 내려오게' 하려면 어떤 느낌이나 감각을 깨워야 할까요? 비유적으로 말해 이 아이들은 차가움과 뜨거움의 차이, 특히 몽롱한 온기의 경계와 수축, 냉기의 감각 체험에서 오는 자극과 깨어남의 차이를 배워야 합니다.

 '살을 에는 추위'라는 표현은 있지만 '살을 에는 더위'라고는 말하지 않습니다. 사물을 명쾌하고 이성적으로 파악하기 위해서는 머리가 차가운 편이 좋다는 것을 모두 경험해 보셨을 것입니다. 이런 이유로 슈타이너는 **큰 머리** 아이들에게 특히 머리 쪽을 차갑게 해 줄 것을 권했습니다. 보통 아침에 찬물로 머리를 씻어 주는 것만으로도 충분하지만 허리까지 닦아 주어야 하는 아이들도 있습니다.

이렇게 하면 어떤 일이 일어날까요? 감각 자극, 즉 차가움과 뜨거움을 구별하는 감각이 깨어나면서 아이의 사고 활동이 감각 기관의 작용과 연결됩니다. 이 아이들의 세 가지 체계가 불균형한 이유는 자아와 아스트랄체가 신경 체계의 신체 기관과 제대로 연결되려 하지 않기 때문입니다. 하지만 감각 지각 안으로 분별력을 촉진하는 강한 자극이 들어가 몽롱하게 꿈꾸는 아이를 흔들어 깨우면 자아와 아스트랄체가 신경-감각 활동과 강하게 연결됩니다. 이 아이들은 사실 멍하니 꿈만 꾸면서 살을 에듯 아픈 것, 얼얼하도록 차가운 것, 의식과 자아 인식이 싹트도록 자극하는 것 속으로 뛰어들기보다 세상 일이 눈앞에서 흘러가도록 내버려 두려 합니다. 아침마다 사랑의 느낌을 담아 찬물로 닦아 주면서 우리는 아이가 감각 세상 속으로, 다양성과 차가움, 단단함,

명쾌함의 세상으로 들어오도록 도와줍니다.
이는 치유의 한쪽 측면입니다. 이 때 우리는
아이가 깨어나고 분명해질 수 있도록, 말하자면
한 조각의 거울을 만들어 주는 것입니다.

두 번째 측면으로 슈타이너는 신진대사
체계를 통해서도 필요한 자극을 주어 각
체계간의 불균형을 바로잡고 감각 세계로
깨어나는 과정을 도와줄 수 있다고 했습니다.
신진대사 속에서 단단함, 꾸준함, 분석력 등
분해하고 구분하는 힘이 어떻게 활동하는지를
보면 그렇게 말한 이유를 알 수 있습니다. 그
힘은 질료를 용해하고, 합성물을 분리하는 우리
능력 속에 살고 있습니다. 이것은 신진대사
활동의 한 측면입니다. 다른 측면에서 신진대사
체계는 정반대 역할을 합니다. 받아들인 질료를
쪼개고 분해한 다음, 우리 신체의 구성 물질을
만드는 창조적 과제를 수행합니다. 건강한

신진대사 활동을 통해 진정한 우리 자신이
될수록, 신경 체계를 통해 우리 자신을 세상에
더 잘 내줄 수 있습니다.

이를 위해 슈타이너는 양극성의 법칙을
주목하라고 합니다. 찬물로 머리를 씻어 주어
아이의 의식이 깨어나면 신진대사 체계 속에서
음식물을 분해하고 가공하는 활동도 그만큼
활발해집니다. 반면 분해한 물질을 신체
속으로 흡수하는 과정, 즉 통합하는 방향으로
유기체 활동을 자극하면 사고 속에서 통합하고
연결하는 힘도 더불어 강해집니다.
슈타이너는 의사들에게 가족의 식습관을
자세히 물어보라고 했습니다. 심혈관 질환을
가진 가족 구성원으로 인해 가족 전체가 저염
식이를 섭취해서 아이가 필요한 양의 소금을
섭취하지 못하는 경우가 있습니다.

산과 염기라는 양극에서 탄생한 결정성 화합물인 소금은 유기체에 특별한 의미를 지닙니다. 유기체가 소금을 분해해서 유기체의 전체 활동에 통합하고 가공하는 법을 배우지 못하면, 신경 체계와 신진대사 체계 활동이 올바른 균형을 유지할 수 없습니다.

적당한 양의 소금을 식단을 통해, 혹은 납 화합물을 약(납염lead salt)의 형태로 섭취하면 유기체가 고형 물질, 순수한 소금을 분해하는데 도움이 됩니다. 이런 방법으로 신진대사를 자극하면 명확하게 분류하는 의식 능력, 분해하고 연결하는 사고의 힘이 활성화됩니다. 이 모든 방법이 **큰 머리** 아이에게 도움이 됩니다.

이제 **작은 머리** 아이로 넘어가 봅시다. 이들은 가벼움과 흥분을 쉽게 느끼지 못하는 경향이 있으며, 신진대사 활동의 역동을 제대로

다스리지 못합니다. 아이의 아스트랄체와
자아가 신진대사를 올바로 장악하지 못하고,
질료의 죽음과 부활 과정에 긴밀하게 관여하지
않으려 하기 때문입니다. 그 연결 관계가 충분히
깊지 않으면, 아이의 개별성이 신진대사 활동에
충분히 침투하지 못하면 어떤 일이 벌어질까요?
그러면 아이는 항상 약간 긴장한 상태,
음식으로 섭취하는 물질의 특정한 역동이나
힘에 대항해 자신을 지켜야하는 상태가 됩니다.
소화 흡수, 양분 섭취 과정에 끌려 다닌다고도
말할 수 있습니다. 눈앞에 무엇이 있느냐에 따라
시도 때도 없이 허겁지겁, 게걸스럽게 음식을
먹기도 합니다. 장의 움직임도 불규칙적입니다.
완전히 소화되지 않은 단단한 변을 며칠에 한
번씩 보거나, 이틀씩 화장실을 전혀 못가다가
한꺼번에 밀어내기도 합니다. 자세히 관찰해
보면 아이의 전반적인 다른 행동 역시 어딘지

충동적이고 쫓기는 듯합니다. 신진대사
활동에서 발생한 온기와 제대로 소화하고
다스리지 못한 여러 물질의 힘과 역동에
휘둘리는 상태일 때는 조금만 성미에 안 맞아도
화를 내고 걸핏하면 흥분합니다. 그러다가
그 힘이 다 소진되면 우울함과 물질의 무게에
짓눌린 채 어느 구석에 창백하고 지친 얼굴로
시무룩하게 앉아 있곤 합니다.

　　이에 관해 슈타이너는 다음과 같이
말했습니다. "인간의 세 가지 체계 중에서
신진대사-사지 체계는 외부의 물질 과정이
내부로 이어지는 것에 가장 많이 의존합니다.
그래서 지구상에서 물리, 화학을 통해 일어나는
과정을 잘 알게 되면, 인간이 신진대사-사지
체계를 지니는 한에서 어떤 과정이 인간 내부로
이어지는지도 역시 알아볼 수 있습니다. 하지만

우리는 신경-감각 체계를 지배하는 법칙에
관해서는 아무 것도 알아낼 수 없습니다."*
그는 이어서 이렇게 말합니다. "아이에게
통합적으로 표상하는 능력, 구조적으로
표상하는 능력이 너무 부족하다면, 대상을
뚜렷이 형상화할 수 없다면, 오늘날 많은 아이가
그렇듯 예술에서 아이가 일종의 야만인이라면,
이는 신진대사-사지 체계가 정상이 아니란
것을 보여 주는 증상입니다." 이들의
아스트랄체는 신진대사-사지 체계를 제대로
장악하지 않으려 하기 때문에 외부의 도움이
필요합니다. 이 아이들이 신진대사의 특정한
경향성을 해결하도록 우리가 어떻게 도와줄 수
있을까요? 어떻게 하면 신진대사를 통해 아이의
아스트랄체와 자아를 보조해서 전체 유기체

---

* 1923년 2월 6일 교사들과의 간담회(GA 300b)

속에 올바로 통합시킬 수 있을까요?

이 경우 아주 좋은 처방은 온기입니다. 점심 식사 후, 혹은 잠자리에 들기 전에 배를 따뜻하게 감싸 온기를 공급해 줍니다. 현대 의학의 용어로 설명하자면 온기로 자율 신경계를 이완시키고, 소화에 관여하는 신경이 조화롭게 작용하도록 자극합니다. 온기에는 자극하고, 긴장을 완화하며 소화를 촉진하는 효과가 있습니다. 루돌프 슈타이너는 다음과 같은 형상으로 우리에게 이 사실을 전달합니다. "신성한 정신적 힘들이 여름의 더위와 겨울의 추위를 일으킵니다. 더위와 추위는 물질을 매개로 신성한 정신적 힘들이 성취하는 정신적 효과입니다."* 배를 따뜻하게 해 주는 것은

* 1923년 2월 6일 교사들과의 간담회(GA 300b)

외부에서 여름을 만들어 주는 치료법으로,
물질을 인간 구성 질료로 변형시키는 과정을
돕습니다.

이에 더해 영양 섭취를 통해서도 도움을 줄
수 있습니다. 이들의 신진대사를 촉진하는데
도움이 되는 핵심 재료는 당분입니다. 다양한
재료를 이용해서 소화하기 쉽고 영양이 풍부한
음식을 만들어 주는 동시에 항상 달콤한
후식을 곁들여 줍니다. 요즘 사람들에게는
단것을 충분히 먹이라는 조언이 이상하게 들릴
수 있습니다. 하지만 슈타이너가 이 말을 언제
했는지를 주목해야 합니다. 1차 세계대전이
끝난 지 3년밖에 되지 않아 설탕이 아주 귀하고
학교에는 영양실조 상태인 아이들이 넘쳐나던
시절이었습니다.

작은 머리 아이들에게 중요한 것은
신진대사에 미치는 당분의 효과입니다. 식물의

꽃과 열매의 온기에서 나온 당분은 신진대사에
활력을 줍니다. 오늘날에는 물론 당분을 식사
사이 간식의 형태가 아니라 건강한 식단의
일부로 섭취해야 합니다.

　　이 방법과 함께 은argentum을
동종 요법Homeopathy으로 복용할 수 있습니다.
은은 신진대사의 통합하려는 의지에 완전히
부합하는 재료로, 아이의 아스트랄체와
자아가 소화 과정과 연결될 계기를 마련해
줍니다. 하지만 약을 복용할 때는 반드시 학교
의사나 주치의와 상담해야 합니다. 교사가
직접 약을 먹이라고 조언하면 부모는 부정적인
반응을 보이는 경우가 많습니다. 사실 당연한
반응입니다. 하지만 교사가 '경험상 이런 경우
약을 먹으면 아이가 학교에서 보이는 행동이
긍정적으로 변화되는 경우가 많으니 학교

의사와 상담해 보라'고 제안할 때는 별 거부감
없이 따를 수 있습니다.

　한 남자아이의 사례를 말씀드리겠습니다.
전형적인 **작은 머리** 아이로 1학년 때 처음
만났습니다. 이 아이를 통해 이 치료법을 일
년 정도의 긴 기간 동안 지속했을 때만 온전히
효과를 볼 수 있음을 알게 되었습니다. 특히
배를 따뜻하게 해 주는 치료가 그렇습니다.
약물 치료는 평소 상태를 재평가하기 위해
투약을 멈추는 기간을 둡니다. 하지만 배를
따뜻하게 감싸서 여름을 만들어 주는 치료법은,
큰 머리 아이를 찬물로 씻어 주는 경우와
마찬가지로 신체를 위한 일종의 교육처럼 오랜
기간 신진대사 체계에 제공해 주어야 합니다.
그 따뜻한 느낌에 익숙해져서 2, 3년째에도
저녁마다 배를 싸달라고 하는 아이들도
있습니다. 그럴 땐 아이의 요구를 들어주는 것이

좋습니다. 교육적 차원의 개입이 필요할 때도 있습니다. 의사가 배를 따뜻하게 해 주라는 처방은 했는데 이후 경과를 살필 시간이 없을 때는 교사가 의사에게 도움을 줄 수 있습니다. 교사가 부모에게 배에 따뜻한 것을 올려준 다음 곧바로 자기 일을 보러 가서는 충분한 치료가 되지 않는다고 말해 줍니다. 아이 옆에 앉아 아름다운 이야기를 들려주는 등 충분한 시간을 함께 보내면서 정서적 온기를 느낄 수 있는 아늑한 분위기를 만들어 주어야 합니다. 그래야 사방으로 튀어 다니던 작은 에너지 덩어리의 긴장이 편안히 풀어지고, 아이의 상상력이 활성화되어 개별적이고 살아 있는 형상과 사고를 형성할 수 있습니다. 이런 식으로 교사는 아이가 이 치료법을 좋아하도록 교육적 차원에서 도움을 줄 수 있습니다. 늘 바쁘던 엄마나 아빠, 좋아하는 이모, 누나/언니가 자기

곁에서 여유 있게 시간을 보내 주기 때문입니다.
이 아이에게는 특히 그런 따뜻하고 아늑한
시간이 중요합니다.

　위에 언급한 강의에서 슈타이너는 치료를
위한 두 가지 원리에 이어, 교사와 학교
의사들이 교육적 원칙으로 알아 두어야 할 몇
가지 기본 사항을 이야기합니다. 요즘에는 학교
의사들 중 많은 수가 수업을 병행하기 때문에
교사와 교육 측면의 문제를 놓고 이야기하는
것이 그리 껄끄럽지 않습니다. 하지만
아직까지도 교육 경험이 없거나 적은 학교
의사들은 교사에게 수업에 관해 이야기하기가
쉽지 않다고 느끼는 것이 사실입니다. 수업
참관을 하다 보면 실제 수업 속에서 어떻게
풀어내야 할지는 몰라도 교사들에게 분명
도움이 될 여러 현상이 의사들 눈에 들어옵니다.

그런 관찰 내용에 부디 귀 기울여 주시기
바랍니다. 그리고 학교 의사들은 교사가 요청할
때만 자기 의견을 전해야한다는 점을 명심해야
합니다.

처음 학교 의사로 일하면서 겪었던 속상한
경험 중 하나는 어떤 2학년 교실을 세 번째
방문한 날에 일어났습니다. 개선 방안을 조언해
주고 싶은 의욕에 가득 차 있던 저는 떠오르는
것을 전부 교사에게 이야기했습니다. 그 결과
저는 2년이 지나도록 그 교실에 다시 방문해
달라는 요청을 받지 못했습니다. 그런 식으로
쏟아낸 지적과 제안을 교사가 소화할 수 없었기
때문입니다. 아무리 훌륭한 제안도 상대가
들을 준비가 되었을 때만 약이 됩니다. 그럴
때만 상대의 자유를 침해하지 않으며, 그럴
때만 진정으로 도움을 줄 수 있습니다. 학교

의사들에게 필요한 훈련은 다음과 같습니다. 사랑의 눈으로 관찰해서 상황에 대한 표상을 만듭니다. 어떤 판단도 하지 않습니다. 상대가 의견을 물으면 그제야 눈에 비친 표상을 이야기하고 조언합니다. 그 때도 상황을 성격화하고 과정을 묘사하면서 우리가 말한 것을 교사가 받아들여서 적절한 교육적 실천 방법을 찾을 수 있도록 대답해야 합니다.

그렇다면 교육적 측면에서는 **큰 머리** 아이와 **작은 머리** 아이를 어떻게 도울 수 있을까요? 이 아이들의 가슴 영역 강화를 위해 매일 교실에서 무엇을 하면 좋을까요? 가슴 영역에서 '겨울' 과 '여름'의 특성이라고 부를 수 있는 요소는 무엇일까요? 바로 반감과 공감의 느낌입니다. 두 느낌은 각각 차가움과 뜨거움에 상응합니다. 반감은 경계를 짓고 외부와 대립하며 자신을 단단히 여미는 반면 공감은 자신을 엽니다.
그리고 호흡에서처럼 그 사이에 쉼이 옵니다.
열기−닫기−정지. 여기서도 삼중성을 볼 수
있습니다. 그 고요함 속에 들숨이 날숨으로
바뀌는 전환점이 있습니다. 마찬가지로 우리
감정 영역의 전환점이자 중심점은 내면의
평화와 고요입니다.

　　모든 수업에서 아이들은 다양한 감정의
스펙트럼을 이쪽 끝부터 저쪽 끝까지 경험할
수 있어야 합니다. 반감, 공포, 눈물은 분명히
들숨의 힘, 자신을 움켜쥐는 힘을 강화합니다.
흐느낄 때 우리는 불규칙한 리듬으로 경련하듯
한계치까지 공기를 들이마십니다. 반면
웃음을 터뜨릴 때는 발산하고, 열고, 자기를
내보입니다. 웃음은 아주 긴 날숨입니다. 웃을
때 우리는 얼굴이 빨개지고 '배가 아프도록'

속의 것을 내보냅니다. 우리는 이런 양극적 과정
속에 살아갑니다. 반감(들숨 과정인 울음)에서는
밀어내고 차단하며, 공감(날숨 과정인 웃음)에서는
세상을 향해 활짝 엽니다.

슈타이너는 교사에게 수업 시간마다 아이들을
웃음을 터뜨리기 직전 까지 끌고 갔다가, 다시
진지함과 연민으로 눈물 흘리기 직전까지
데리고 가야 한다고 말합니다. 교과 내용을
감정 속에서 생생하게 체험하는 수업을 통해
양극 사이 중간 영역이 성장합니다. 노여워하고
분노하고 격분했다가 다시 교사가 하는 말에
완전히 동화되어 맞장구치며 공감합니다.
외국어, 수학 등 과목과 상관없이 모든 수업에서
아이들이 이런 감정의 냉기와 온기를 체험하게
하려는 교사는 수업 중에 교안을 들춰 볼
짬이 없을 것입니다. 무엇을 가르쳐야 하는지
생각하느라 공책을 들여다보면 흐름이 끊어지기

때문입니다. 이 때문에 슈타이너는 책이나
자료를 보며 읽는 것이 아니라 외워서 가르치는
것이 교육적-치유적으로 중요하다고 했습니다.
교사가 가르치려는 내용을 분명한 표상으로
갖고 있지 못하면 자기가 하는 말 속으로
충분히 '들어갈' 수 없습니다. 그러면 아이들이
흥미를 갖고 빠져들게 하는 분위기를 만들
수가 없습니다. 교사가 하는 말이 그저 책에
적힌 내용이어서는 안 됩니다. 그것은 사고에
머무른 지식에 불과합니다. 교사의 감정과
의지를 관통한 지식이라야 아이들의 마음을
움직이고, 흥미를 갖게 하며, 의미 있는 요소가
됩니다. 아이의 내면 존재가 교사의 입을 통해
전달되는 수업 내용의 본질과 만나야 합니다.
사실 이처럼 높은 기준을 갖고 수업에 임하면
교사 자신도 달라집니다. 수업 내용과 교사의
내면이 일치하면서 중심이 단단해지는 동시에

힘이 생깁니다. 이는 교사가 완전히 탈진했다고
느낄 때 놀라운 효과를 발휘합니다.

지금 하는 일을 있는 힘과 사랑을 다해
행하면, 오히려 힘을 얻습니다. 마음에서
우러나지 않는 일을 억지로 하면서 스스로를
분열시켜서는 안 됩니다. 원하지 않는 일을
한다는 것은 내면을 둘로 쪼개는 행위이며,
그럴 때 힘이 소진됩니다. 수업 내용과 자기
내면을 일치시키려는 노력에 깃든 치유의 힘을
슈타이너는 이런 말로 설명합니다.
"교사는 자기 자신, 즉 개인적 자아를 교실에
가지고 와서는 안 됩니다. 그 대신 해당 수업
시간에 다룰 내용을 통해 되고자하는 자기
모습에 대한 표상을 갖고 있어야 합니다. 그러면
여러분이 그 내용이 됩니다. 그런 식으로
자신에게 작용한 것이 교실 전체에 놀랄만한
활력을 가져다줍니다. 기분이 안 좋고 몸이

무겁다면 수업을 통해 적어도 어느 정도는 그
언짢음을 극복한다고 느껴야 합니다. 그것은
아이들에게 가장 유익한 영향을 미칩니다.
수업이 교사 자신의 건강에도 좋은 일이라는
정서로 수업해야 합니다. 수업을 하는 동안
나는 우울한 사람에서 쾌활한 사람이 될 수
있습니다."* 이런 태도로 수업에 임하면 즉시
효과가 나타납니다. 수업 내용과 완전히 일치해,
말하자면 아이들과 부르려는 노래가 교사의
모공에서 솟아 나와야 합니다. 완전히 그
즐거움에 사로잡힌 상태여야 한다는 뜻입니다.
아직 가사를 완전히 외우지 못했더라도
다급하게 노래책을 뒤지지 마십시오. 가사가
기억이 안 나면 허밍으로 부르면 됩니다. 정말
중요한 것은 노래 속으로 '들어가서' 음악을

* 1923년 2월 6일 교사들과의 간담회(GA 300b)

즐기는 태도입니다. 이럴 때 아이들은 교사가 들려주는 이야기를 느낌과 함께 영혼 속으로, 다시 말해 가슴 영역 속으로 가지고 들어갈 수 있습니다.

치유 측면에서 볼 때 특히 효과적인 것은 수업의 일환으로 하는 예술 활동입니다. 예술 활동에서 우리는 가장 순수한 형태로 활동과 내면이 완전히 일치하기 때문입니다. 오이리트미Eurythmie를 예로 들어봅시다. 오이리트미는 우리가 소리와 소리 현상 속으로 온전히 들어갈 때만 가능한 예술입니다. 이 합일은 움직임과 움직임의 느낌, 그리고 개인이 움직임에 부여하는 개별 정서라는 삼중적 방식으로 드러납니다. 우리는 수없이 다양한 이유로 예술을 하지만, 본질적으로는 결국 합일을 통해 자아를 교육하는 최고의 방법이 예술 활동인 것입니다.

　　이런 수업의 토대는 교사의 평정심입니다.
누구나 준비한 내용을 갑자기 잊어버릴
때가 있습니다. 하지만 그런 다급한 순간에
원래 의도했던 것보다 훨씬 중요한 이야기를
아이들에게 들려줄 수도 있습니다. 당연히
어느 정도 위험을 감수해야 하지만, 그것이
아이들이 교사에게 관심을 갖게 만드는
힘입니다. 물론 자신감 넘치고 자기 관리가
철저한 교사가 수업을 잘 하고, 아이들에게
좋은 모범이 될 수 있습니다. 하지만 학생들에게
"이분도 나처럼 여전히 배우고 노력해야
하는구나. 이분에게선 정말 뭔가를 배울 수
있어. 모든 능력을 다 갖추진 않았지만 언제나
더 나아지려고 노력하셔"라는 느낌을 갖게
하는 교사와는 다른 영향을 줍니다. 아이들이

학교에서 배워야 하는 것은 바로 이 태도,
배움에 임하는 자세입니다. 우리가 가르친
내용은 잊어버릴 수 있습니다. 하지만 수업을
통해 아이들이 몸에 익힌 배움을 대하는 내적,
외적 태도와 그 능력은 평생 남습니다. 우리
스스로 한 발 한 발 앞으로 나가는 자세를 보여
주는 것, 그리고 아이들 스스로 성장을 위한
긴 여정에 기꺼이 나설 마음을 먹게 만드는
것이 교육의 핵심입니다. 교사가 두려움과 걱정,
기쁨에 사로잡혔던 경험을 털어놓을 때 교실은
바늘 떨어지는 소리가 들릴 정도로 고요해질
것입니다. 교사가 개별성을 드러낼수록
학생들은 교사를 진정한 인간 존재로 경험하게
되고, 그럴 때 교사를 사랑하고 그에게서
배움을 얻으려는 마음이 쉽게 자랍니다. 우리
모두 알다시피 스스로 행동을 조절하게 만드는
최고의 토대는 사랑입니다. 학생들은 언제나

건방지거나 까불거리려는 경향이 있지만 그것을 억누릅니다. 교사에게 연민을 느끼거나 교사를 사랑하기 때문입니다. 이도 저도 아닐 때 아이들은 건방진 태도를 보입니다. 우리가 의지할 수 있는 힘은 연민과 사랑입니다.

위 간담회에서 슈타이너가 교육적 차원에서 가슴 영역을 강화하는 마지막 방법으로 말한 것은 교사의 도덕적 성품입니다. 이는 수업을 통해 위생적인 영향을 미치는 가장 중요한 수단입니다. 도덕의 관점에서 볼 때 교사의 됨됨이란 자발적 노력으로 자신을 변화시킨 상태, 단점을 극복하는 과정에서 성취한 열매, 개인적 관심사나 문제를 앞세우지 않고 수업 내용과 아이들에게 온전히 몰입하는 태도의 결과를 말합니다. 그 힘만큼 교사는 아이들에게 위생적인 영향을 미칠 수 있고, 좋은 모범이 될 수 있습니다. 신체와 영혼의 건강은 아이의 영혼과 신체에서 일어나는 활동이 모든 장기의 기능과 특성을 조화롭게 통합하는 방향으로 작용할 때 얻을 수 있는 결과입니다.

2. '지상적' 아이와 '우주적' 아이

현대 의학계의 진단 용어는 보통 증상의
최종 상태를 지칭합니다. 강의 초반에도 미소
뇌기능 장애, 공격적 행동, 과잉 행동 같은
몇 가지 진단명을 언급했습니다. 이런 질병의
원인을 찾아 의학 서적을 뒤지면 '뇌출혈', '자궁
내 혹은 출생 직후 세균 감염', '다중적 원인',
'원인 미상' 같은 용어를 만나게 됩니다. 이런
종류의 진단이나 연구에서는 질병을 갖게 된

유기체가 그 전에 어떤 준비 단계를 거쳤는지에
관해서는 별다른 주의를 기울이지 않습니다.
최종 상태를 일으킨 발병 요인은 명시하지만
하필 그 유기체가, 이를테면 왜 감염에
취약했는지는 묻지 않습니다. 문제의 핵심을
파고드는 대신 마지막 단계에서 겉으로 드러난
현상을 주시합니다.

사실 거기까지도 가지 않고 누군가 예전에
만들어 둔 가설이나 개념에 머무는 경우도
허다합니다. 이 때문에 우리는 많은 장애물을
넘어야 비로소 '진단'이란 단어의 진짜 의미를
명확히 파악할 수 있습니다. '진단diagnosis'
의 그리스 어원에서 'dia'는 '완전히, 철저히'를,
'gnosis'는 '지식, 앎'을 의미합니다. 즉, 진단이란
특정 증상으로 자신을 드러낸 존재를 속속들이
이해함을 의미합니다.

인간은 본질적으로 어떤 존재일까요? 누군가 죽거나 아직 태어나지 않았을 때, 우리는 그를 순수한 정신, 우주적 존재, 여기서 멀리 떨어진 어딘가에 있는 존재로 상상합니다. 그가 지상에 도착해 울음을 터뜨리고, 먹고, 기저귀를 적시면 우리는 그를 완전히 지상에 속한 물질 존재로, 때로는 심지어 무거운 짐이라고 느낍니다. 모든 아이가 지상의 일상 속으로 수월하게 들어갈 수 있는 환경에서 태어나지 못합니다. 지상적 상황에 전적으로 맞춰야 하는 경우도 많습니다. 하지만 인간의 본질이 무엇인지 생각해 봅시다. 인간의 본질은 지구뿐 아니라 우주 전체와도 연결되어 있습니다. 그렇기 때문에 정신세계, 천상과 어떤 성격으로 관계를 맺는지에 따라 그 사람의 본질이 드러납니다. 동일한 사람에게서 지구에서 받은 것, 즉 신진대사 체계, 사지, 활동할 수 있는 능력을 통해 지구적인 것과의 관계성 역시 드러납니다. 모든 사람은 전생의 경험에 따라 천상과 지상에 대해 지극히 개별적인 관계성을 갖고 태어납니다. 그 관계성은 그 사람의 에테르체의 형상과 특성 속에 살고 있습니다.

　　루돌프 슈타이너는 교사와 학교 의사들에게 둥근 형태의 머리가 천구의 상이라는 사실에 주목하라고 했습니다. 바로 이 머리 영역에서 사고는 정신의 경지로 올라갈 수 있습니다. 머리는 특별히 조형적으로 아름답게 형성되었지만 아주 대조적으로 사지가 형성된 아이들이 있습니다. 『인간에 대한 앎과 수업 내용의 형성Menschenerkenntnis und Unterrichtsgestaltung』(GA 302)*에서

---

* 1921년 6월 13일 강의

슈타이너는 머리 형태의 뛰어난 조형성이 이 아이들에게 두드러지는 특징이라고 말합니다. 과거에서 와서 그들의 에테르체 속에 간직된 힘이 특히 머리 체계 발달에 작용하고 있기 때문입니다. 그에 비해 나머지 신체 형상의 발달 정도는 아주 다릅니다. 아이 시절에 이미 머리와 신체 나머지 부분이 대등하게 잘 형성되어서, 아이의 개별성을 단일한 형태로 만나고 있다는 인상을 주는 경우는 별로 없습니다. '전형적인 아이 얼굴'을 가진 아이들이 있습니다. 이들에게서는 얼굴 표정이나 머리 형태에서 아이의 개별성이 완전히 관통했다거나 형태적으로 완성되었다는 느낌을 받기 어렵습니다. 또는 손가락이 부드럽고 둥글며, 악수할 때 힘이 없는 손을 볼 때도 있습니다. 그럴 때 우리는 아이의 개별성이 벌써 완전히 자리 잡았는지, 아직 오고 있는지 자문합니다.

그러다가 5학년에 올라간 아이가 갑자기 진짜 악수를 해오면 '이제야 네가 도착했구나!'를 깨닫습니다.

반면 3살짜리 아이와 악수를 하면서 전혀 다른 인상을 받을 수도 있습니다. 학교에 입학할 준비가 되었는지 알아보는 자리에서 손과 손톱 밑에 흙이 잔뜩 묻은 아이를 만날 때가 있습니다. 부모는 당연히 집에서 손을 씻겨 왔지만 학교에 오는 길에 아주 많은 일이 벌어진 것입니다. 이 아이에게서 우리는 흙과의 연결성, 지구와의 관계성을 볼 수 있습니다. 지상적인 모든 것을 보는 즉시 관심을 기울이는 재능이라 부를 수도 있을 것입니다. 비행기, 자동차 같은 물건, 세상의 모든 모습과 사건, 특히 색깔과 소리로 눈과 귀를 사로잡는 텔레비전. 이 모든 것에 자석처럼 끌려 들어갑니다. 이 아이는 지구를 사랑하고, 세상의 모든 자극을

사랑합니다. 세상과 깊이 연결되어 있으며,
지구적 존재성을 대면할 재능을 타고난
아이입니다.

과잉 행동으로 진료 의뢰 차 저를 찾아온
아이가 있었습니다. 한눈에 봐도 **지상적**
아이였습니다. 살짝 올라간 들창코에 귀엽고
둥근 눈, 살짝 튀어나온 작은 입술, 헝클어진
머리카락에 사랑스러운 얼굴을 가진
아이였습니다. 하지만 손을 보기 전까지는
확신할 수 없었습니다. 아직 개별 존재로
자기 몸에 '도달한' 상태가 아니기 때문에
얼굴이나 머리 형태로는 분별할 수 없었던
것입니다. 움직임은 충동적이고 '머리가 없는
듯' 보였습니다. 하늘의 재능, 즉 사고 세계가
풍부하며 차분하게 내면을 응시하는 힘을
타고난 아이는 아니었습니다.

이런 아이와 달리 질문을 했을 때 사리에

맞는 똘똘한 대답을 내놓진 못하지만 둔해
보이는 인상과 달리 내면에 보물을 지닌 마법에
걸린 왕자, 공주라는 인상을 주는 아이들이
있습니다. 지상의 삶에 적합한 능력을 타고나지
못해 손발이 서툴고 움직임이 굼뜨지만 마법이
풀리면 멋진 본모습이 드러나리란 느낌을 주는
아이들, 이들은 **우주적** 아이입니다.

　　루돌프 슈타이너는 아이들의 특성을
이야기할 때 무엇이 부족하고 어디가
잘못되었는지를 지적하고 분석하지 않았습니다.
아이의 자아가 세상과 어떤 관계를 갖는지, 그
특성을 성격화하고 타고난 힘이 무엇인지를
묘사할 뿐이었습니다.
지구와 세상일을 능숙하게 다루는 능력을
타고난 아이들, 실용적 방향으로 발달한
아이들이 있습니다. 이 아이들은 아직 사려와

고요함이 부족하기 때문에 그 재능을 제대로 발휘할 수가 없습니다. 그렇기 때문에 우리의 도움이 필요합니다. 반대인 아이들도 있습니다. 내면에 풍부한 재능을 갖고 있지만 지상적인 것을 잘 다루지 못해 능력을 제대로 발휘하지 못하고 지구를 위해 유용하게 쓸 수 없는 아이들입니다. 생애 초반에는 이 측면이 에테르체의 기능 차원에 머물러, 아이의 자아가 과거에서 가져온 관계성에 따라 신체 형상을 빚는 방식으로 표현되기 때문에 슈타이너는 이에 관해 특별한 의학적 조언을 하지 않습니다. 물론 의사가 치료를 할 때는 아이의 필요에 따라 적절한 기질적 처방을 내려야 합니다.

그럼 슈타이너는 **지상적** 아이들을 위해 어떤 작업을 권했을까요? 담즙, 다혈, 우울, 점액 등 타고난 기질과 상관없이 이 아이들의

천성에는 우울함이 약간 깔려 있으며, 항상
어딘가 불편하다고 느끼는 경향이 있습니다.
이것이 흔히 행동 장애라고 부르는 여러 문제의
근원일 수 있습니다. 이미 몸과 마음이 편치
않은 상태에서 불쾌한 일을 당하면, 건강해서
웬만한 일은 대수롭지 않게 넘길 수 있는
사람보다 쉽게 화를 낼 수밖에 없는 것입니다.
우울한 정서는 지상적 과제를 잘 처리하는
능력이 동시에 지구의 무게로 작용한다는
사실에 기인합니다. 이 아이들의 육화 과정에는
유전적 요인, 즉 지구에서 아이를 향해 다가오는
힘이 우세합니다. 우주적 요소가 지상적 요소와
균형을 이룰 정도로 강하지 않기 때문에, 유전의
흐름에서 오는 힘에 쉽게 압도되고 규정됩니다.
치유 작업을 위해서는 아이들의 현재 위치에서
아이들의 필요를 충족시켜줄 필요가 있습니다.
이는 교사와 의사, 특히 소아과 정신과

의사, 소아 심리학자, 특수 아동을 지도하는
교사들이 늘 가슴에 새기고 있어야 하는 일종의
원칙입니다.

"아이의 현재 위치에서 적절한 수단과 방법을
이용해서 아이의 필요를 충족시킨다." 기본
정서에 우울함이 깔린 아이라면 단조 음계
음악으로 아이를 만난 다음 차츰 장조로 이끌어
갑니다. 분위기를 바꾸기 전에 먼저 아이의
고유 음조를 건드려 주는 것입니다. 보통 지상적
아이들은 움직임의 재능이 탁월하기 때문에
그 지점에서 아이를 만나는 것이 수월합니다.
음악과 노래하기는 내적 움직임이고, 신체
움직임은 외적 움직임입니다. 따라서 지상적
아이를 위한 치료에서 가장 중요한 요소는
음악과 오이리트미입니다. 교사에게는 아주
어려운 과제일 수 있습니다. 오이리트미 시간에
바닥에 드러누워서 안하겠다고 발버둥 치는

아이들이 바로 이들이기 때문입니다. 하지만 오이리트미야말로 이 아이들에게 가장 큰 치유 효과가 있습니다. 이 아이들에게 도움을 줄 수 있으려면 교사가 수업 내용을 완전히 체화하고 내적 일치를 이루어야 합니다. 이 아이들은 움직임에 천부적 재능을 갖고 있습니다. 음악성이 뛰어나고 음악 듣기를 즐기는 경우도 많습니다. 루돌프 슈타이너는 음악성이 깊이 잠들어 있는 경우도 있으니 그럴 땐 먼저 일깨워야 한다고 했습니다. 이 아이들이 움직임과 음악을 통해 배워야 하는 과제는 무엇일까요? 자신의 행위 속에 느낌을 불어넣는 법을 배우는 것입니다. 이는 교사 자신이 수업이라는 현재의 과제와 완전히 내면이 일치했다고 느낄 때만 가능한 일입니다. 오이리트미 수업을 예로 들어봅시다.

　이런 말썽꾸러기들이 많은 학급에서는

먼저 자유롭게 움직이는 활동으로 시작합니다.
먼저 아이가 현재 서 있는 곳에서 필요를
충족시킨다는 원칙에 따라, 움직이고 싶어
몸이 근질거리는 아이들이 마음껏 해소하게
해 줍니다. 특히 앞 시간이 얌전히 앉아
있어야 하는 과목이었다면 더 그렇습니다.
이제 자유로운 움직임에서 특정한 움직임을
연습하는 단계로 넘어갑니다. 이 때 **지상적**
아이들에게 다른 아이들을 지켜보라는 과제를
줍니다. 아름답게 잘 진행되는 형태나 움직임을
관찰하게 하는 것입니다. 그런 다음 다른 아이들
앞에서 같은 동작을 하게 합니다. 그러면 이
아이들이 동작의 아름다움에 주의를 기울이게
됩니다. 이것이 어떤 효과를 낳을까요? 자기
재능에 대한 느낌이 깨어납니다. 천성적으로
타고난 능력, 즉 움직임과 지상적인 것을
알아보는 능력에 대한 느낌이 자랍니다. 이런

경험을 자주 반복하면서 아이의 개별성은 자기 재능을 분명히 알아보고 결국엔 자기 것으로 만드는 법을 배우게 됩니다.

　이런 식으로 음악과 움직임에 대한 느낌과 미적 요소, 빛과 어둠, 긴장과 이완에 대한 느낌이 깨어납니다. 이를 통해 아이들은 자신의 재주와 흥미가 무엇인지를 깨닫게 됩니다. 이제 그렇게 깨어난 느낌이 아직 잠들어 있는 머리를 깨우는 역할을 합니다. 느낌이 모호한 상태일 때보다 배우고 싶은 강렬한 욕구가 있을 때, 사고가 훨씬 쉽게 다가올 수 있습니다. 하늘이 그 아이에게 말을 걸 수 있도록 잠들어 있는 사고를 깨우는 것이 바로 느낌입니다. 따라서 무엇보다 먼저 감정 영역을 깨우고 아이가 타고난 능력을 깨닫게 해 주어야 합니다.

　우주적 아이는 사고 안에 특정한 유연성,

활동성을 갖고 온 아이들입니다. 이들을 위해
슈타이너는 우리에게 사색과 관찰을 요구하는
모든 과목을 활용하라고 했습니다. 역사, 지리,
자연사, 문학, 시 수업이 여기에 속합니다. 이
경우에도 아이가 서 있는 지점에서 필요를
충족시키는 것이 교사의 과제입니다. 이번에는
강렬한 느낌이 아이 내면에서 솟아나도록
내용을 전달할 수 있느냐가 중요합니다. 학년
모임에서 한 어머니가 이런 이야기를 한 적이
있습니다. 5학년인 아이가 역사 주기 집중
수업 기간에 매일 집에 오면 엄마에게 로마에
대해 새롭게 알게 된 이야기를 전해 주었다고
합니다. 그런데 어느 날은 학교에서 돌아온
아이가 부엌에 들어오지 않더랍니다. 입을
꾹 다문 채 책가방을 구석에 휙 던지더니
부엌을 향해 "엄마, 카이사르가 죽었어요!"
라고 외치고는 자기 방으로 달려가 한동안

틀어박혀 있었다고 합니다. 교사가 일깨운
감정이 집에 와서도 생생하게 살아 있을
만큼 강렬했던 것입니다. 이런 수업이 우주적
아이에게 가장 이상적입니다. 카이사르가
살았던 정확한 연도를 알거나 교사가 순간의
느낌에 따라 말했던 세부 사항들(카이사르가 무슨
옷을 입고 어떻게 웃고 어떻게 걸었는지 따위)이 사실에
부합하는지는 덜 중요합니다. 그런 내용은
교사마다 조금씩 다를 수 있지만 핵심적 문제는
아닙니다. 정말 중요한 것은 카이사르의 본질적
요소가 교사 안에 살아 있고, 그것이 교사를
통해 아이들에게 직접 말을 거느냐 입니다.
그러면 그 내용을 느낌 속에 받아들인 아이가
카이사르에 대해 개인적 관계를 맺습니다. 먼저
느낌 속에 토대를 쌓고 나중에 지식을 습득할
동기를 만드는 것이 가장 중요한 일입니다. 그런
토대가 있을 때 훨씬 쉽게 지식을 얻을 수 있기
때문입니다.

모든 아이가 그렇지만 특히 **지상적** 아이와 **우주적** 아이에게는 학습 내용을 예술적으로 전달해 주어야 합니다. 예술은 언제나 느낌, 체험과 연결되기 때문입니다. 진정한 예술가를 성격화하기 위해 오페라 가수를 예로 들어봅시다. 어떤 가수가 멋진 아리아를 열정적으로 부릅니다. 사람들이 박수갈채와 함께 무대 위로 앞 다투어 장미 꽃다발을 던집니다. 그런데 정작 가수는 무대 뒤 한구석에 시무룩하게 앉아 있습니다. 한 소절을 깔끔하게 부르지 못했기 때문입니다. 그러나 그 가수는 바그너의 오페라 〈방황하는 네덜란드인〉에서 산타 역을 173번째 부를 때는 어떻게 할지를 알게 되었습니다. 그리고 다음에 다시 부를 때는 그보다 더 나아지려고 노력할 것입니다. 우리도 시 한 편을 4주쯤 연습한 뒤에야 괜찮게 낭송할 수 있다고 생각합니다. 이런 예는 우리가 지금도

진정한 예술을 향해 나아가는 과정에 서 있음을
보여줍니다. 완벽함의 경지에는 결코 이르지
못하겠지만 끊임없이 노력하는 태도를 배우고,
그 과정에서 오직 연습과 반복을 통해서만 얻을
수 있는 아름다움의 체험에 이르는 법을 배울
뿐입니다.

교사는 아이들에게 수업 내용을 살아 있는
방식으로 전달하는 예술가가 되어야 합니다.
교사가 생생한 감정을 불러일으키는 단어를
쓰면서, 개인적 공감과 관심을 버무려 화강암을
묘사합니다. 화강암이 세계 진화 과정에서
거대한 산맥에서 혹은 피오르를 따라 어떤
일을 겪었는지, 무엇이 짓눌렀는지, 그것이
무엇을 상징하는지를 들려줍니다. 그 과정에서
공감과 세상에 대한 흥미가 싹트도록, 감정과의
연결고리, 세상과의 연관성이 자라도록

이야기해야 합니다.***** 그런 수업은 **우주적**
아이가 교사의 설명을 들으면서 교사가 사고
속에서 체험한 것을 지각하고 체험함으로써
지상에 내려오도록 도와줍니다. 그 과정에서
세계와 주변 세상에 대한 관심이 깨어나는
한편, 그렇게 깨어난 느낌의 도움을 받아 아이의
자아가 지상적 삶의 도구인 신진대사-사지
체계와의 연결 고리를 찾을 수 있습니다. 반대로
머리의 힘은 약하지만 움직임과 지구적인 것을
다루는 능력을 타고난 아이들은 형태의 힘과
아름다움을 경험하고, 움직임을 조절하는
능력을 얻으면서 자기 안으로 들어갑니다.
그러면서 탄생 이전의 삶에서 가져온 정신적
능력, 사고하는 능력과의 연결 고리를 서서히
발견해 갑니다. **지상적** 아이와 **우주적** 아이를

＊ 1921년 6월 13일 강의(GA 302)

교육하는 것에 대한 슈타이너의 조언은
한마디로 '세계에 대한 느낌'*을 키워 주라는
것입니다. 세계는 빛과 색채, 이야기뿐 아니라
음악적 움직임, 울림을 가진 지구적인 것으로도
이루어져 있습니다. 이 모두를 깊은 감정 속에서
체험하려고 애쓰는 것, 바로 그것이 과제입니다.
"수업 중에 모든 아이 하나하나를 특별하게
대할 순 없어. 그건 불가능해."라고 생각하는
교사도 있을 것입니다. 하지만 교사가 '세계에
대한 느낌을 키우라'는 말을 길잡이로 삼는다면,
그리고 **지상적** 아이에게는 교사의 목소리 음색,
리듬의 작은 변화도 느낌을 상징한다는 것을
상기하면서 끊임없이 자기 몸짓과 표정, 어조를
갈고 닦는다면, 아이들을 하늘과 땅, 그리고
사고와 행동을 이어주는 중간 영역인 느낌

~

* 같은 강의

영역에서 교육하는 것입니다. 반면 관찰 대상
안에서 느낌이 살아나고 선명히 드러나게 할 때
교사는 **우주적** 아이를 대상이 지닌 느낌 영역
속으로 들어가게 합니다. 그것은 **우주적** 아이를
세상에 대한 느낌 속으로 데리고 들어가는
것이기도 합니다. 두 경우 모두 가슴 영역을
강화하는 것이 핵심입니다. 이렇게 수업하면
지상적 아이나 **우주적** 아이 모두 상대를
위해 준비한 활동에 아무 문제없이 동참할 수
있습니다.

오이리트미 수업에 대해 마지막으로 한 마디
덧붙이겠습니다. 오이리트미 수업을 이렇게
예술적으로 이끄는 것은 교사 자신에게 가장
중요한 자기 교육 수단이자 훈련의 장입니다.
요즘에는 정말로 반듯하게 직립하는, 몸짓과
신체 움직임 속에 완전히 자신을 담는 아이들을

보기가 갈수록 어렵습니다. 외부 세상의 유혹 때문에 많은 아이가 원래 가지고 온 성향보다 더 많이 지상적 특성 쪽으로 기울어 갑니다. 교사가 자신의 자세와 몸짓을, 그리고 신체를 통해 자아가 현시되는 모습을 반듯하게 유지하기 위해 특별히 노력하는 것은 아이들에게 강력한 영향을 미칩니다. 하지만 오이리트미를 계속 공부하고 훈련하면서 오이리트미 형상에서 표현하는 개별 소리의 세 가지 측면(움직임, 느낌, 특성)을 만나는 것도 정말 중요합니다. 이를테면 'B' 소리의 형상을 표현하는 오이리트미 동작을 배우는 것만으로는 충분하지 않습니다. 오이리트미스트의 날개옷 색깔에 담긴 특질 (슈타이너는 이를 느낌 영역이라고 칭했습니다)도 알아야 합니다. 그래서 'B' 소리의 특질, 이를테면 성모 마리아가 입은 망토의 파란색(Blue)의 특성을 느낄 수 있어야 합니다. 소리의 성격을 익히는 것도 못지않게 중요합니다. 소리의 성격은 오이리트미 동작을 세 측면으로 나타낸 형상 속 세 번째 색깔에서 볼 수 있습니다. 그곳은 느낌이 깃든 움직임의 형상을 만들려는 의지 충동이 드러나는 영역입니다. 우리가 세 가지 측면 즉 첫째, 형태가 무엇을 의미하는지, 그것이 어떻게 만들어지는지를 생각하는 사고의 측면, 둘째, 그것이 무엇을 표현하는지와 내가 느낌과 함께 정말 그 속에 들어가 사는지에 관한 느낌의 측면, 셋째, 성격의 측면에 집중한다면, 이 삼중적 노력을 통해 우리는 자아가 그 속에 진정으로 깃들 수 있도록 자신의 삼중적 본성을 올바로 다스릴 수 있습니다.

지상적 아이와 **작은 머리** 아이, **우주적** 아이와 **큰 머리** 아이가 같은 내용이 아니냐는 질문을 자주 받습니다. 지금까지 관찰한 바에

따르면 둘은 같지 않습니다. **큰 머리**면서
지상적 아이도 있고 **우주적** 아이도 있으며,
작은 머리면서 **지상적** 아이도 **우주적** 아이도
있습니다. 머리가 크거나 작다는 것은 신체적
상태, 혹은 신경–감각 체계와 신진대사
체계의 상호 작용 상태의 표현입니다. 따라서
치료에서는 그 상호 작용 상태에 따라 소화
흡수나 감각 지각 같은 신체 기능을 보조하고
도와주는 것이 목표입니다. **지상적** 아이와
우주적 아이의 경우에는 치료의 목적과 내용이
다릅니다. 이 때는 에테르 차원에서 아이의
존재에 접근합니다. 여기서는 아이의 자아가
머리나 사지를 올바른 방향으로 개별화할 수
있느냐가 가장 중요한 문제입니다. 자아가
관통한 에테르체만이 유전에서 온 요소를
완전히 장악하고 충분히 변형할 수 있습니다.
충분한 정도로 변형이 일어나지 않으면 양극 중

어느 한쪽이 우위를 차지합니다. 이 경우 치료의
핵심은 느낌 영역을 강화하는 것입니다. 느낌이
에테르체와 아스트랄체를 연결하고 중재할
수 있기 때문입니다. 느낌을 통해 에테르체의
활동을 촉진합니다. 사실 '체험하다'는 말은
느낌이라는 매개체를 통해 주의 집중한
상태, 즉 자아가 활동하는 상태로 에테르체
속으로 들어간다는 뜻입니다. 인간의 본질에
대해 슈타이너가 교육학 영역에 도입한 기본
개념들은 일종의 문자입니다. 여러 문자를 의미
맥락으로 연결해서 읽으면 어떤 치료를 통해
어떻게 도와주면 되는지 알 수 있도록 아이의
본질이 선명하게 떠오릅니다. 하지만 처음에는
기본 개념들을 하나씩 들고 개별 아이들을
비추어 보면서, 그것이 관찰 속에서 무엇을
끌어낼 수 있는지 스스로 찾아내야 합니다.
이를테면 기질을 기준으로 아이를 관찰하면

큰 머리, 작은 머리, 우주적, 지상적 특성을
기준으로 생각할 때와 사뭇 다른 특성을 알아볼
수 있습니다.

3. '환상이 많은' 아이와 '환상이 적은' 아이

『인간에 대한 앎과 수업 내용의 형성』(GA 302)에서 루돌프 슈타이너는 **지상적** 아이와 **우주적** 아이에 이어 **환상이 많은** 아이와 **환상이 적은** 아이에 대해 이야기합니다. 환상이 많거나 적다는 것은 무슨 의미일까요? **환상이 적은** 아이는 사고를 의식으로 떠올리기가 힘든 반면, **환상이 많은** 아이는 한번 의식으로 들어온 생각을 내보내지 못해 애를 먹습니다. 따라서

여기서 '환상이 풍부'하다는 말을 회상과 기억은
물론 의식에 떠오른 사고 내용까지 아우르는
포괄적인 의미로 이해해야 합니다.

『신비학 개요Die Geheimwissenschaft im Umriß』
(GA 13)에서 슈타이너는 아스트랄체가 잠과
깸, 즉 의식의 각성과 소멸 사이에 살아가듯
인간 자아는 기억과 망각 속에 산다는 사실을
지적했습니다. 잊고 싶은데 그러지 못해
괴로운 사람도 있고, 기억하고 싶은데 자꾸
잊어버려 괴로운 사람도 있습니다. 두 경우
모두 존재의 핵심인 자아와 관련한 문제입니다.
자기 인식은 기억과 체험이 제멋대로 의식에
침투하거나, 접근불가지도 않은 상태인지,
즉 의식적으로 조절할 수 있는지 여부에 많이
좌우됩니다. 아이의 평생에 걸친 정서 건강은
우리가 아이에게 자아와 자아 인식을 건강하게
체험할 수 있는 기반을 만들어 주었는지에 달려

있습니다. 이것이 **환상이 많은** 아이와 **적은,**
두 유형의 아이를 치료할 때 우리가 만나는
과제입니다.

먼저 사고가 어디서 오는지 질문해 봅시다.
에테르체도 사고 생활의 운반자일까요?
"인간의 일상적 사고 능력이 정련된 형성력과
성장력임을 아는 것은 지극히 중요합니다.
정신적인 것이 인간 유기체의 형성과 성장
속에서 드러납니다. 그 정신 요소는 생을
살아가는 동안 사고라는 정신적 힘으로
등장합니다."* 이것이 슈타이너가 말하는
사고의 근원이며, 우리가 **환상이 많은** 아이와
환상이 적은 아이를 교육하고 치료할 때

---

* 『정신과학적 발견에 따른 치유 예술 확대를 위한 기본 사실Grundleg-
  endes freie Erweiterung der Heilkunst nach geisteswissenschaftli-
  chen Erkenntnissen』(GA 27) 1장_ 루돌프 슈타이너, 이타 베그만Ita
  Wegmann 공저

제대로 이해하고 항상 마음속에 간직해야
하는 말이기도 합니다. 세 번의 7년을 거치는
동안 인간의 신체가 50cm에서 1m 80cm
까지 성장하는 것을 생각해 보십시오. 이런
성장을 가능하게 하는 동시에 중추 신경계에
이르기까지 모든 장기를 분화하고 형성하는
성장력이 차츰차츰 인간의 사고를 위한 힘으로
전환됩니다. 사고 능력 발달의 주요 분기점들은
신체의 주요 성장 단계와 상응해서 일어납니다.

인생 후반부에 접어들면 퇴화 과정이
시작됩니다. 재생과 회복의 힘은 갈수록
약해집니다. 신경계에서 수분이 빠져나가고
모든 장기가 쇠약해지는 한편 회복은 갈수록
어려워집니다. 신체를 더 이상 사용할 수 없는
상태가 되면 죽음이 찾아옵니다. 건강하게 나이
먹은 사람들 중에 신체가 퇴화 단계에 접어든

뒤에도 사고 능력이 기적적으로 계속 성장하는
것을 볼 수 있습니다. 이는 에테르체의 재생
능력이 신체에서 해방되면서 새로운 창조력으로
사고 활동에 쓰이기 때문에 가능한 일입니다.
덕분에 노년기에 들어선 사람에게는 질적으로
새로운 사고를 펼칠 가능성이 생깁니다.

　　인생 전반부에 있는 사람은 성장력의 일부가
신체에서 풀려나면서 사고를 할 수 있게 되지만,
아직은 자기중심적인 눈으로 세상을 바라보며
자기 입장에서 사고합니다. 학교에 입학하고
고등 교육 기관으로 올라가면서 세상 속에서
자기 자리를 찾으려 노력합니다. 인생 계획이
최고의 관심사고, 핵심 주제는 '자아실현'입니다.
이런 태도는 성장력의 중심점이 신체 구축에
있는 상태와 완전히 일치합니다. 그 경향성이
사고에도 존재하는 것입니다.

반면 생의 후반부, 대략 40~50세부터는 이
재생력의 힘을 의식으로 끌어올릴 수 있게
됩니다. 더 이상 신체와 자기 보전 과제에 크게
구속되지 않는 새로운 사고의 특질이 갈수록
뚜렷해집니다.

어느 순간 이타적으로 생각하고, 세계
문제를 관심사의 중심에 놓고, '자아실현'
보다 '세계 실현'을 위해 노력하는 것이 쉽고
자연스러운 일이 됩니다. 신체는 여러 한계에
봉착하면서 점점 무거워지지만, 사고에서는
더 건강하고 이타적이며 헌신적인 특성이
드러납니다. 노년의 지혜가 솟아납니다. 이런
새로운 사고의 가능성은 신체의 젊은 생명력과
재생을 단념한 결과입니다.

아이들의 생명력이 신체에서 자유로워지는

나이가 되었을 때 자아가 그 힘을 장악할 수 있는 방향으로 해방되도록, 그리고 기억과 망각을 최대한 의식적인 차원에서 다룰 수 있는 사람으로 자라도록 교육하고 준비시켜 주어야 합니다. 이 능력은 우리가 일상의 흐름에 몸을 맡긴 채 생각 없이 휩쓸려 살아갈 때는 자라지 않습니다. 하루에 몇 분씩이라도 규칙적으로 그날 있었던 일을 떠올리고 체험한 내용을 전체적으로 조망한 뒤 다시 의식적으로 그 상을 기억에서 지우는 연습이 필요합니다. 이것은 의지 훈련입니다.

루돌프 슈타이너는 **환상이 많은** 아이와 **환상이 적은** 아이를 설명하면서 이런 방향의 준비와 교육을 언급했습니다. 이 방향에서 어느 한쪽으로 치우친 아이들을 교육하고 치료할 때, 성장력의 변형이 원활하게 이루어지지

않은 상태를 치유하는 것이 우리의 과제라는
것입니다.

　성장력이 신체에서 해방되는 과정을 다시
한번 살펴봅시다. 영유아기에 생명력은 신체에
예속된 무의식적 상태입니다. 그러다가 이
힘의 일부가 신체에서 풀려나면서 무의식적
사고 생활이 시작됩니다. 처음엔 무의식적
차원에서만 세상에 대한 앎을 얻을 수 있지만,
학교 교육과 인생 여정을 거치면서 습득한
감각 인상을 통해 그 내용이 의식의 차원으로
올라갑니다. 우리 모두는 의식에 올라온
것보다 무의식 차원에서 훨씬 많은 것을 알고
있습니다. 무의식에 잠들어 있는 앎 중 얼마나
많은 부분을 명확한 의식으로 끌어올릴 수
있는지는 배우려는 의지의 힘에 달려 있습니다.
인지학을 처음 접한 사람들 중에 슈타이너의

저서를 읽는데 자기 생각을 그대로 말하는
것 같은 느낌을 받았다고 말하는 경우가
있습니다. 그들은 이미 많은 문제를 실제로
그렇게 생각했지만 단지 명확하게 알지 못했을
뿐입니다. 사고는 이미 존재하지만 인식할 만큼
분명하지 못한 경우가 많습니다.

이는 건강, 질병과 밀접하게 연결된
문제입니다. 신체에서 풀려나 의식적 사고의
힘으로 변형될 생명력이 기본 발달 과제가 끝난
신체에서 나왔는가? 그 힘이 정말 다른 데 쓰일
수 있는 '여분'의 상태인가? 다시 말해 자아가
사고 속에서 자유롭게 써도 되는 상태인가?
아니면 너무 일찍 신체에서 풀려난 탓에
장기에서 오는 특정한 성장력의 역동이 아직
남아 있어서 신체와 연결된 상태인가? 이런
경우에는 그 힘이 강박이나 환각의 성격을 띤

영혼 내용으로 어느 날 갑자기 자기도 모르게
불쑥 튀어나올 수 있습니다.

　슈타이너는 정신 질환이 생명력의 변형이
적절하지 못한 때에 혹은 너무 일찍 일어났을
때 발생한다고 말합니다.* **환상이 많은** 아이,
즉 생각이나 심상을 쉽게 떨쳐버리지 못하는
아이는 진정한 의미에서 정신적으로 병든 것은
아니지만 자아가 자유롭게 조절할 수 있는 범위
이상으로 생명력이 많이 해방된 상태입니다. 이
아이들의 사고에는 신체에 묶여 있어 자아가
제대로 통제할 수 없는 생명력 자체의 역동이
아직 남아 있습니다. 이런 상태를 아이들의

---

* 『우주와의 관계 속 인간 5: 인간 발달, 세계-영혼, 세계-정신 - 1부: 세계
　와의 관계 속 신체 존재로서의 인간Der Mensch in Zusammenhang
　mit dem Kosmos 5: Menschenwerden, Weltenseele und Wel-
　tengeist - Erster Teil: Der Mensch als leiblich-seelische Wesenheit in
　seinem Verh ltnis zur Welt』(GA 205) 1921년 7월 2일 강의

눈에서 실제로 관찰할 수 있습니다. 교사가 자기에게 의미 있는 이야기를 했을 때 **환상이 많은** 아이는 수업이 끝날 때까지 그것만 생각하느라 더 이상 다른 어떤 말도 귀담아 듣지 못합니다. 이런 현상 속에 이미 질병의 경향이 들어 있습니다. 사실 본질적 의미에서 모든 질병은 신체와 영혼의 수많은 기능과 활동의 통합 상태를 자아가 더 이상 유지하지 못할 때 나타나는 현상과 연결되기 때문입니다. 자아가 그 통합이 제대로 유지하지 못하면 분리 또는 고착 현상이 나타납니다.

정반대의 상황도 있습니다. 교사의 이야기를 늘 한 귀로 듣고 한 귀로 흘려버리는 것입니다. 자아가 사고를 유지할 힘이 없기 때문입니다. 우리는 아이가 조금이라도 무엇을 배우는 모습을 보이면 기쁜 나머지 그것이

단단하게 고착화된 지식인지, 살아 있는 상태로
받아들였는지는 크게 신경 쓰지 않습니다.
하지만 우리는 아이가 어떤 형태로 지식을
받아들였는지 알아보는 법을 배워야 합니다.
수업 중에 아이가 어떤 사실을 파악했다가
다시 흘려보내고 있는가? 아니면 특정 지점에
걸려 오도 가도 못하는가? 배움의 과정에도
호흡이 있어야 합니다. 들이마시고, 파악하고,
내보내기. 그래야 다시 자유롭게 새로운 것을
만날 수 있습니다. 이는 교사가 수업을 통해
전달한 내용이 아이에게 닿긴 했지만 신체
깊숙이 들어가 버린 경우입니다. 아이의 의식은
열려 있고 선명하지만, 듣거나 본 것이 전혀
기억에 남아 있지 않습니다. 슈타이너가 제안한
치유 방법에서 우리는 다시금 앞서 언급한
치유의 근본 법칙을 만납니다. "아이가 서 있는
지점에서 아이의 필요에 응하라."

환상이 많은 아이, 즉 사고가 강박적이며,
작은 것도 잊어버리지 못하고, 개념이나 표상을
하나도 흘려보내지 못하는 경향의 아이는
어디에 서 있는 걸까요? 우리 어른들은 머리가
너무 복잡하거나 문제를 어떻게 풀어야 할지
모를 때, 참신한 생각을 떠올리고 싶을 때
달리기를 하거나 몸을 움직입니다. 신선한
공기를 마시며 몸을 움직여서 굳어버린
머릿속과 마음도 함께 움직이는 것입니다.
움직임은 이 아이들에게도 좋은 처방입니다.
어떤 과목에서든 '움직이게 하기'를 의식적으로
훈련할 수 있는 요소를 찾아야 합니다. 쓰기를
가르치고 있다면 아이가 철자나 개별 글자에
갇히지 않고 아름답게 흐르듯 써 나가도록
지도합니다.

노래 부르기 역시 '움직이게 하는'

과목입니다! 겁에 질렸을 때는 아무리 애를 써도 한 번 떠오른 사고나 표상을 지우기가 어렵습니다. 이럴 때 어떤 사람들은 노래를 부르는데, 실제로 기분이 한결 가벼워지는 효과가 있습니다. 노래는 **환상이 많은** 아이들에게 정말 도움이 됩니다. 스스로의 움직임으로 신체 전체가 진동할 때 마음속에 박힌 사고나 표상이 다시 막힘없이 자유롭게 흐를 수 있습니다.

환상이 적고 생각을 떠올리기 힘든 아이에게 교사는 감각을 적극적으로 활용하는 법을 익히게 하는데 모든 사랑과 관심을 집중해야 합니다. 감각 활동을 통해서만 원할 때 떠올릴 수 있는 개념이나 표상을 만들 정도로 아이의 사고 생활이 튼튼해질 수 있기 때문입니다. 이를테면 다른 사람이 그림 그리는 것을 지켜보거나 무엇인가를 자세히 관찰하는 과제 혹은 주의 깊게 경청하라는 과제를 줍니다. 정확한 청음을 요구하는 악기 연주도 좋은 방법입니다. 슈타이너는 한 수업 안에서 아이들이 노래 부르기와 악기 연주를 모두 경험하는 것이 좋다고 했습니다. 직접 음악을 만드는 행위와 다른 사람의 음악을 듣는 행위가 교대로 일어나게 하는 것입니다. **환상이 많은** 아이들은 음악을 만들고 **환상이 적은** 아이들은 듣는 것이 필요하지만, 이렇게 하면 아이들이 서로에게 위생적인 효과를 줄 수 있습니다.

오이리트미는 이 두 유형의 아이들을 치유하는데 특별한 위치를 차지합니다. 특히 생각과 표상을 내려놓지 못하는 **환상이 많은** 아이의 경우에는 그 이유를 분명히 짐작할 수 있습니다. 이들에게는 걷기, 뛰기,

뛰어오르기처럼 전신을 이용한 움직임이
대단히 효과적입니다. 특히 혈액의 흐름과
장기의 형성력 속에 살고 있는 모음이 이들에게
큰 도움이 됩니다. 걷기를 연습하면서, 즉
움직이면서 모음을 연습하면 유기체에서
제멋대로 솟아오르는 생각과 표상을 진정시킬
수 있습니다. 또한 성장력의 방향이 장기의
발달로 향하도록 촉진하고, 그곳에 단단히
자리 잡아 너무 쉽게 풀려나지 않게 해 줍니다.
치유 오이리트미 강의*에서 슈타이너는
모음이 어떻게 '자기를 자기답게'하고 형태
형성을 공고히 하는지 설명했습니다. 하지만
오이리트미는 **환상이 적은** 아이들, 생각과
표상을 의식으로 끌어올리는데 어려움을 겪는
아이들에게도 도움이 됩니다. 이들은 자음

---

* 『치유 오이리트미Heileurythmie』(GA 315)

소리를, 주로 제자리에 서서, 팔로만 연습하는 것이 좋습니다. 자음은 굳어진 형태를 풀고 변질된 형태가 본모습을 찾도록 도와줍니다. 다시 말해 자음은 '(굳은) 자기에서 벗어나게' 합니다.

한 오이리트미 교사가 슈타이너의 이런 제안을 어떻게 수업에 적용했는지 이야기해 준 적이 있습니다. 학습에 어려움을 겪는 상급 학생이 있었다고 합니다. 학생의 어머니는 아이가 저녁마다 숙제 때문에 몇 시간씩 책상 앞에 앉아 있다고 했습니다. 수업 내용이 잘 기억나지 않아 숙제하는데 시간이 오래 걸리는 것입니다. 교사가 그 학생에게 같은 반 친구들과 함께 그 지역 오이리트미스트들이 기획한 동화 오이리트미 공연에 참가해 달라고 부탁하자 학생은 기분 좋게 응했습니다. 상급 학생들이

맡은 것은 해설자 역할이어서 대부분 한 자리에
서서 자음을 몸으로 표현하는 것이었습니다.
일주일에 두 번, 한 시간씩 연습하다가 공연
날짜가 가까워 오자 방과 후에 추가 연습까지
해야 했지만 그 학생은 불평 한마디 없이
연습에 참가했습니다. 교사가 공연과 연습이
너무 고되지 않느냐고 물었더니 학생은 이렇게
대답했다고 합니다. "아니에요, 선생님. 어제
연습 끝나고 몸 상태가 어찌나 좋던지 주요
수업 공책 정리까지 일사천리로 끝냈어요."
이 사례에서 우리는 자음이, 특히 제자리에
서서 연습할 때, 신진대사-사지 체계에서
오는 정신적 힘을 풀어 주는 효과가 있음을
볼 수 있습니다. 자음은 장기의 경직된 형태가
느슨해질 수 있는 조건을 제공합니다. 이로써
장기는 새로운 형태에 적응하고 건강한
방향으로 변형될 수 있는 가능성을 얻고,

성장력은 더 쉽게 신체에서 풀려나 사고 활동에 쓰일 수 있습니다.

지금까지 우리는 성인으로 자기 삶을 사는데 더없이 중요한 자아 인식이 어떤 식으로 기억과 망각 사이에 존재하는지, 그리고 인간 자아가 어떻게 잠과 깸, 기억과 망각의 주인으로 의식의 문지방에 서 있을 것을 요구받는지를 보았습니다. '문지방에 서서 영혼 생활을 관장하는 자아'라는 상이 모든 오이리트미와 음악 수업, 음악과 움직임 요소를 이용한 모든 수업에서 항상 우리와 함께 있어야 합니다.

큰 머리나 **작은 머리** 아이의 신체 크기와 형상을 볼 때, 우리는 물질 육체에 찍힌 자아의 표식을 봅니다. 그렇기 때문에 치료 방법 역시 신체적입니다. **지상적** 아이와 **우주적** 아이의

경우에는 형태 자체가 아니라 그 형태가 창조된
과정에 집중합니다. 이들에게선 자아의 인장이
에테르체의 기능에 더 강하게 남아 있다는
인상을 받습니다. 따라서 치료의 방향도
영혼 활동에 집중합니다. 자아가 활성화된
아스트랄체를 통해 에테르-신체 구성에
이르기까지 작용하게 하여 깨어난 강렬한
느낌이 형태 형성을 완료하도록 성장력을
자극하는 것입니다. **환상이 많은** 아이와 **환상이
적은** 아이를 대할 때 우리의 관심은 의식의
내용, 즉, 아스트랄체로 인해 의식에 떠오른 것을
자아가 어떻게 대하는지, 잠과 깸 속에 사는
것을 어떻게 대하는지, 그리고 자아가 기억과
망각 상태에 어떻게 존재하는지에 집중합니다.
이 때 치유 작업의 목표는 아이가 중간 영역인
가슴 체계를 발달시켜, 자기 인간성에 대한
느낌을 갖고 진정으로 내면에 거주하게 하는

것입니다. 이 때 우리는 아스트랄체에 찍힌
자아의 인장을 만납니다.

　　슈타이너는 교사들이 제대로 호흡하는
법을 가르쳐야 한다는 말을 여러 강의에서
반복해서 언급했습니다. 양 극단의 한쪽 끝에
있는 아이들의 상태와 이들이 중간에서 균형을
잡도록 도와주는 치료법을 이야기하면서,
움직임과 쉼이라는 양극을 조화롭게 하는
호흡의 원형적 원리가 어떻게 구현되는지를
보았습니다. 쉼과 집중은 모든 의미 있는
감각-신경 활동의 전제 조건입니다. 반면
움직이려는 의지는 모든 신진대사-사지 활동의
전제 조건입니다. 인지학적 인간관의 관점에서
올바로 호흡하는 것을 배운다는 말은 삼중적
유기체 속에 사는 법과 중간 영역을 발견하는
법을 배운다는 뜻입니다.

교실에서 올바로 호흡하는 것을 배운다는 말은 수업 내용을 흥미를 갖고 받아들이며, 즐거운 마음으로 움직이고, 자기 것으로 만든다는 의미입니다. 물론 사랑에는 항상 고통이 따릅니다. 흥미와 사랑으로 뭔가를 받아들이는 것이 항상 쉬운 일은 아닙니다. 각고의 노력이 필요할 수도 있습니다. 하지만 교사가 수업 내용을 완전히 내면화하고 **큰 머리, 작은 머리** 아이와 관련해서 이야기했던 방식으로 아이들에게 전달한다면, 배움에 어려움이 많은 아이들도 울림을 얻을 수 있습니다. 이에 대한 공감으로 깨어나면서 아이는 차츰차츰 수업 내용을 자신과 연결시킬 수 있게 됩니다. 이 6가지 양극적 유형의 아이들을 위한 치료는 교사들이 수업에서 '올바로 호흡하는 법'을 가르칠 방법을 찾아내는 데도 영감을 줄 것입니다.

발도르프학교의

아이관찰

학교 보건 문제에 관한

루돌프 슈타이너와 교사 간의 논의

이 간담회는 1923년 2월 6일, 당시 슈투트가르트 초대 발도르프학교의 의사인 오이겐 콜리스코 박사의 요청으로 학교 보건에 관해 루돌프 슈타이너와 교사회의에서 논의한 내용이다. 신진대사-사지 체제, 리듬 체계, 신경-감각 체제는 사람마다 다른 모양을 띠며, 특히 아동의 경우 더 그렇다. 세 체계 사이에 균형이 이루어지도록 하기 위해 교사는 아동이 외관상 어떻게 드러나는지 알아볼 능력을 필수적으로 습득해야 한다. 아이들을 건강하게 만들기 위한 물질적인 보건뿐 아니라 교사의 수업 태도, 학교 규율, 행정 문제 등 포괄적인 이야기를 나누고 있다.

01. 루돌프 슈타이너: 언젠가 콜리스코 박사*
와 약속한 대로 오늘은 학교 보건 문제를
논의하겠습니다. 그런데 처음부터 교내
아동 진료에 관한 세부 사항을 취급하기는
어렵습니다. 그 전에 몇 가지 원리를
반드시 알고 있어야 하기 때문입니다. 오늘
회의에서는 일단 근거를 마련할 수 있을
뿐입니다. 나중에 이 주제를 다시 한번

* 옮긴이_오이겐 콜리스코Eugen Kolisko(1893~1939) 오스트리아 출
신 인지학자, 의사, 발도르프학교 교사

다룰 것이고, 그때 반드시 전형적인 사례를
선택해서 고찰할 수 있도록 하겠습니다.
그런 사례는 여러분이 이 자리에서 논의하길
바라는 개별적인 문제를 이야기하다 보면
저절로 나올 수도 있습니다.

02.   본론으로 들어가기 전에 다음 사항을
     염두에 두기를 당부합니다. 우리 발도르프
     교육은 그 전체가 치료하는 성격을 띤다는
     것입니다. 발도르프학교 수업과 교육 방법
     자체가 전반적으로 아동의 건강 증진에
     초점을 맞춥니다. 이는, 인간으로서 아동이
     발달하는 매 순간 올바른 것을 하는 교육
     예술을 확립하면, 그런 예술적 교육 활동에
     아동을 건강하게 만드는 어떤 것이 들어
     있게 된다는 의미입니다. 이갈이를 하기 전에
     아동이 올바른 방식으로 모방하는 존재가

되도록 교육할 때, 그 다음에 (초, 중등 단계에서
교사의) 권위가 올바른 방식으로 개입할 수
있도록 할 때, 그 다음 연령대에는 판단력을
형성하도록 적절한 방식으로 준비해 줄 때,
이 모든 것이 아동의 유기체를 건강하게
만들면서 작용합니다.

03. 학교 보건의 특정 사항과 관련해 교사가
진심으로 방향을 잡아야 할 때 다른 무엇보다
완전히 특별하게 고려해야 할 필수적인 사항,
그것은 다름 아니라 교사가 인간 유기체의
삼지성을 피와 살이 될 정도로 철저하게 자기
소유로 만들어야 한다는 것입니다. 유기체를
구성하는 세 가지 체계, 즉 신경-감각 체계,
리듬 체계, 신진대사-사지 체계 중에 어느
하나가 지나치게 활동하는지, 한 가지 체계가
너무 우세해서 건강을 해치는 경우 균형을

잡기 위해 다른 두 가지 체계 중에 하나를
활성화할 수 있는지, 이런 것을 교사는 아동
하나하나마다 특정한 의미에서 본능적으로
느껴야 합니다.

04.   그러므로 오늘은 특히 교사한테
중요한 관점을 기준으로 삼지적 인간을
고찰하겠습니다. 일단 신경-감각 체계가
있습니다. 우리가 신경-감각 체계를 올바르게
이해하려면, 이 체계 내부에는 지상의
물질적인 물리-화학적 법칙이 아닌 법칙이
지배하고 있다는 사실을 반드시 알고 있어야
합니다. 인간은 이 체계를 통해 지상의 물질적
법칙을 벗어납니다. 신경-감각 체계는 특히
그 형성에 있어서 온전히 전前 지상적 삶의
결과입니다. 인간은 전 지상적 삶에 부합하는
신경-감각 체계를 지닙니다. 신경-감각체계의
모든 물질적 법칙성은 실제로 지구의

물질성을 벗어나 있습니다. 그렇기 때문에 이
체계는 영적-정신적인 것과 관계하는 모든
활동을 단독으로 발달시킬 수 있습니다.

05.   이와 정반대되는 경우는
신진대사-사지 체계입니다. 세 가지 체계
중에서 바로 신진대사-사지 체계가 물질적
외부 과정이 인간 내부에서 계속 진행된다는
데에 가장 많이 의존합니다. 그래서 지구
상에서 일어나는 물리적, 화학적 과정을 알면,
인간에게 신진대사-사지 체계가 있는 한 어떤
과정이 인간 내부에서 계속 진행되는지도 알
수 있습니다. 반면에 신경-감각 체계 내부에서
지배하는 법칙은 절대 알아낼 수 없습니다.

06.   양 체계 중간에 리듬 체계가 있습니다. 이
체계는 어느 정도까지 자연스럽게 양극단을
조정합니다.

07. 이 세 가지 체계는 사실 사람마다
     다른 모양을 띱니다. 특히 아동의 경우 더
     그렇습니다. 실은 언제나 한 가지 체계가 다른
     체계에 비해 지나치게 활동합니다. 그래서 세
     체계 사이에 균형이 이루어지도록 조처해야
     합니다. 이를 위해 교사는 아동이 외관상
     어떻게 드러나는지 알아볼 능력을 필수적으로
     습득해야 합니다. 그 외적 표현이 아동을 다시
     건강하게 만들기 위해 무엇을 해야 하는지
     알려 주는 이른바 계시 같은 것이 됩니다.

08. 여기서 중점은 여러분이 실제로 보건적인
     면에서 알아야 할 사항을 정말로 알고 있는가
     하는 것입니다. 예를 들어 아이가 먹는 음식에
     소금을 적당량 넣어 주면 신경-감각 체계에
     용이한 방식으로 영향을 미칠 수 있다는
     것과 같은 사항 말입니다. 교사로서 여러분은

이런 것을 명확하게 알고 있어야 합니다.
여러분 학급에 어떤 아이가 쉽게 산만해지는
경향을 보인다고 합시다. 어떤 것을 그 아이
눈 앞에 직접 보여 주는 데도 건성으로
넘깁니다. 아이가 심하게 다혈질이거나
점액질이어서 그렇다고 말할 수도 있겠지만,
어떤 방식으로든 아이의 형성력을 고무하는
쪽으로 일해야 합니다. 그러면 그 형성력을
통해 아이가 외부 세계에 좀 더 주의를 기울일
수 있게 됩니다. 어떻게 하면 아이의 형성력을
강화할 수 있겠습니까? 아이가 먹는 음식에
소금을 적당량 넣어 주면 됩니다. 학급에
산만하고 건성으로 배우는 아이가 있다면
한번 눈여겨 관찰해 보십시오. 그러면 아이의
유기체가 염분을 제대로 처리하지 못한다는
사실을 발견할 것입니다.

09. 문제는, 아이가 산만하니 음식에 소금을
더 넣으라고 부모한테 권유하는 정도로는
일이 해결되지 않는 경우도 있다는 것입니다.
부모가 잘 몰라서 혹은 꼼꼼한 성격이
아니라 음식에 소금을 충분히 넣지 않는다고
밝혀지는 경우에는 조언도 하고 점검도 하는
등 구체적으로 지도해야 합니다. 그런데
아이의 유기체 자체가 염분을 수용하지 않을
수도 있습니다. 이런 경우에는 납을 고도로
희석해 조제한 약을 복용합니다. 이 약은
유기체가 염분을 제대로 수용하도록 도울
수 있습니다. 왜냐하면 납은 인간 유기체를
고무해서 염분을 제대로 처리할 수 있게 하는
물질이기 때문입니다. 그런데 일정 정도까지만
그렇게 합니다. 그 정도를 넘어서면 당연히
유기체가 병이 듭니다. 그러므로 납을 적용할
때 중점은 그 한도를 알아보는 것입니다. 저는

특정한 의미에서 두뇌 구루병 성향이라고
표현하고 싶은데, 꽤 많은 아이에게 이런
문제가 있습니다. 교사는 아이에게서 이런
성향이 드러나는 초기에 이미 알아챌 수
있어야 합니다. 그러면 전반적인 치료 과정이
제가 방금 암시한 그 선상에서 이루어져야
한다는 것도 알아볼 것입니다.

10. 그런데 여러 교육 체계가 사실상 커다란
결함이 있다 보니 아무도 이런 것에 관심을
두지 않습니다. 아이가 보이는 외적인 면은
애초부터 신경 쓰지 않습니다. 학교 앞에
서서 아이들을 한번 관찰해 보십시오.
그러면 머리가 큰 아이도 있고 작은 아이도
있다는 것을 알아볼 수 있습니다. 머리가
큰 아이는 대부분 제가 방금 이야기한
것처럼 치료해야 합니다. 머리가 작은 아이는

그렇게 하면 안 됩니다. 이에 관해서는 조금 후에 이야기하겠습니다. 그러니까 앞에서 산만한 성격이나 심한 점액질 성격에 따른 결함이라고 말한 것, 그것이 육체적으로 유별나게 큰 머리로 드러나는 것이지요. 이와 반대로 신진대사-사지 체계가 전체 인간의 활동에 충분히 강하게 개입하지 않는 성향을 보이는 아이도 있습니다. 이 아이는 유기적으로 신진대사를 그럭저럭 처리하기는 합니다. 그런데 신진대사가 인간 유기체 전체를 위해 되어야 할 바로 그것을 아이가 자신의 전체적인 인간 존재 속까지 충분히 확장하지 못합니다. 그런 아이를 관찰해 보면 뭔가를 꾹 눌러 품고 곰곰이 생각하는 것처럼 보입니다. 그런데 동시에 외부 인상에 너무 강하게 반응하고 심지어 심하게 짜증을 내기도 합니다. 이런 아이의 경우에는 올바른

방식으로 당분을 먹여야 합니다. 그러면 그
유기체 전체가 개선됩니다.

11.　아동 발달을 다음과 같은 방향으로 한번
연구해 보도록 당부합니다. 유아기 아이한테
사탕 같은 단음식을 잔뜩 먹이는 부모가 종종
있습니다. 이런 아이가 초등학교에 입학하면
영적, 정신적, 그로써 육체적으로도 오로지
자신에게만 관심을 쏟으면서 시간을 보내려
합니다. 유기체에 당분이 충분하지 않으면
혼자 뭔가를 꾹 품고 있는 것처럼 보이는
아이, 당분이 너무 모자라면 신경질적으로
흥분하는 아이. 이런 경우에 주의해야 합니다.
왜냐하면 그런 아이가 장기적으로 당분을
너무 적게 섭취하면 유기체가 차츰차츰
황폐해지기 때문입니다. 아이가 허약해지고
근육이나 피부 등 조직이 거칠어집니다.

심지어는 음식으로 섭취하는 당분을 제대로
소화할 능력도 차츰차츰 잃어버리게 됩니다.
그러면 반드시 올바른 방식으로 음식에
설탕을 섞도록 배려해야 합니다. 그런데
유기체 전체가 당분을 제대로 처리하지
못하는 것일 수도 있습니다. 이 경우에는
고도로 희석한 은으로 조제한 약을 복용하면
도움이 됩니다.

12. 네, 보다시피 아이의 전반적인 영적–정신적
생활은 육체 조직이 제대로 기능을 하는지
그렇지 못한지를 교사에게 알려 주는 일종의
증상학이 됩니다. 아이가 판별하는 표상에
대한 성향이 너무 부족하다면, 표상을 하면서
모든 것을 뒤죽박죽 섞는다면, 여러 표상을
제대로 구분할 줄 모른다면, 그렇다면 아이의
신경–감각 체계가 정상이 아닌 것입니다.

그러니까 아이가 판별을 하도록 가르치는데
여러분이 들이는 노고가 곧 아이의 신경-감각
체계가 제대로 기능하지 않는다는 증상을
대변하는 것이지요. 이 경우에는 방금 설명한
바와 같은 조처를 취해야 합니다.

13. 아이가 통합적으로 표상하는 능력,
구조적으로 표상하는 능력이 너무 부족하면,
사물이나 대상을 형상화하지 못한다면,
오늘날 아이들 대다수가 그렇듯이 특히
예술 과목 시간에 일종의 야만인처럼
군다면, 이는 아이의 신진대사-사지 체계가
제대로 기능하지 못한다는 것을 보여 주는
증상입니다. 이때는 다른 수단으로, 그러니까
당분으로 도와야 합니다. 보건과 치료라는
차원에서도 판별하는 표상이나
예술적-통합적 표상 중에 어느 것이 아이한테

부족한지 주시하는 것은 언급할 여지없이
중요합니다.

14. 이외에 또 다른 사항이 있습니다.
판별하는 표상이 확실히 부족해 보이는
아이를 한번 생각해 보십시오. 이는 아이가
자신의 아스트랄체와 나/Ich를 신경-감각
체계에서 너무 심하게 다른 쪽으로 돌린다는
것을 드러내는 표시일 수도 있습니다. 이런
경우에는 어떤 식으로든 아이의 머리를
시원하게 해 주어야 합니다. 예를 들어서
아침에 일어났을 때 시원한 물로 아이를 씻어
주도록 부모에게 조언하는 것과 같은 조처를
취해야 합니다.

15. 이와 반대로 아이가 예술적인 면에서
뒤떨어진다면, 아이에게 통합적, 구조적 표상
요소가 부족하다면, 아이가 배워야 할 것에

열정을 보이지 않는다면, 그렇다면 아이의
아스트랄체가 신진대사-사지 유기체에
제대로 개입하지 않으려 하는 것입니다. 이런
경우에는 적절한 시간대에 아이의 복부를
따뜻하게 해 주어야 합니다.

16.   이런 것을 과소평가하면 안 됩니다.
이런 것은 대단히 중요한 사항입니다. 이런
조처를 일종의 물질주의적 미혹에 빠지는
것으로 여겨서는 안 됩니다. 예를 들어서
여러분 학급에 어떤 아이가 미술이나 음악에
대한 소질이 전혀 없다면, 일주일에 두세 번
정도 저녁에 아이 복부에 찜질을 해 주고,
밤에 잠을 자는 동안 아이 몸을 따뜻하게
유지하도록 부모에게 조언하십시오. 이런
조처를 한다고 해서 물질주의에 빠지는
것이라 생각할 필요는 없습니다.

17.   오늘날에는 보통 물질적 조처는 심하게
경멸하는 반면에 추상적, 지성적 조처는
과대평가하는 추세입니다. 그런데 이런 식의
잘못된 경향은 교정되어야 합니다. 어떻게
그런 것을 교정할 수 있을까요? 신적 세력이
물질적 방식으로 모든 것을 달성하고자
지구에 그들의 정신을 적용한다는 사실을
보여 주는 것입니다. 신적-정신적 세력은
여름에는 덥고, 겨울에는 추워지도록 합니다.
신적-정신적 세력이 물질적 수단으로
도달하는 것, 그것은 정신적 효과입니다.
신들은 인간이 여름에는 땀을 뻘뻘 흘리고
겨울에는 추워서 덜덜 떨도록 만듭니다.
그렇게 해서 인간과 더불어 신들이 이루려
하는 것이 있습니다. 이런 것을 신들이 교육을
통해서, 혹은 지성적, 도덕적 교훈을 통해서
이루어야 한다면, 제대로 될 수 없겠지요.

그러므로 여러분은 물질적 수단으로 아이에게
영향을 미치는 것을 과소평가하면 절대 안
됩니다. 그런 것을 언제나 주시해야 합니다.

18.   그런데 같은 유기적 결함이 다른 증상으로
드러나기도 합니다. 예를 들어 통합적 사고가
부족한 아이가 창백해지는 경우입니다.
학교에서 아이가 창백합니다. 이렇게
창백해지는 것은 아스트랄체가
신진대사-사지 체계에 제대로 들어가지
않으려 하는 상태와 유사한 방식으로
치료해야 합니다. 같은 방법으로 아이 얼굴에
다시 핏기가 돌게 할 수 있습니다. 아이 복부에
찜질을 해 주면 실제로 신진대사-사지 체계
전체가 활기를 되찾습니다. 결과적으로
신진대사가 유기체를 두루 관통해서
활성화하기 때문입니다.

19. 아이의 신진대사가 너무 강하게 유기체
전체를 관통한다면, 그래서 별것 아닌데도
아이가 금세 얼굴이 새빨개지면서 막무가내로
성질을 부린다면, 아스트랄체와 나/Ich가
신경-감각 체계에 제대로 들어가지 않으려 할
때와 같은 방법으로 치료해야 합니다. 앞에서
이야기했듯이 부모한테 매일 아침마다 아이의
머리를 시원한 물로 씻어 주라고 해야 합니다.

20. 아이의 건강 상태를 특정한 의미에서 미리
내다보고 예방 조처를 취할 수 있는 것은
교사와 부모한테 대단히 중요한 일입니다.
예방 조처는 이미 병든 아이를 치료해서
건강하게 만들어 주는 것만큼 고마운 일은
물론 아닙니다. 하지만 아이 자체를 위해서는
본질적으로 훨씬 더 중요합니다.

21. 이제 유의해야 할 사항이 있습니다.

아동의 유기체에 이러저러한 방향에 따라
치유 효과를 보이는 과정을 적용한 다음에는
상황에 따라서 바로 그 과정을 제거해야
할 수도 있다는 것입니다. 앞에서 이야기한
방식으로 일정 기간 납으로 아이를 치료한
다음, 이 치료 과정이 유기체 전체에 초래한
흔적을 지워야 합니다. 그러니까 일정 기간
납으로 치료를 해서 여러분이 원하는 바를
이루었다면, 구리가 함유된 조제약을 단기간
복용해야 합니다. 그렇게 하면 납을 통해
발생한 과정의 좋지 않은 흔적을 제거할 수
있습니다.

22.   아이를 일정 기간 은으로 치료한 경우에는
그 과정에서 생긴 내적 상처가 아물도록
철분으로 치료해야 합니다.

23. 이제 또 다른 문제를 보기로 합시다.

아이가 유기체 속에서 특정한 의미에서
자신을 잃어버리는 경우가 있습니다. 달리
말해 아이에게 보통은 있어야 할 내적
안정성이 없는 경우입니다. 예를 들어 이런
아이는 심한 설사로 고생하거나, 사지를
움직이는 게 서투릅니다. 어떤 물건을 잡아야
하는데 팔다리를 건들거려서 결국 떨어트리고
맙니다. 이런 것은 후일 인생에서 굉장히
심하게 건강을 해치는 과정으로 발달할 첫
싹입니다. 아이가 자주 설사를 하거나 소변을
너무 많이 본다면, 혹은 물건을 제대로 잡지
못하고 금세 떨어트린다면, 어쨌든 물건을
다루는 요령이 없다면, 절대 그냥 넘겨서는 안
됩니다. 그런 문제를 못 본 척 그냥 지나쳐서는
절대 안 됩니다. 아이가 연필을 제대로 잡는지,
칠판에 글씨를 쓸 때 분필을 요령 있게

잡는지, 이런 것을 볼 줄 아는 예리한 눈이
교사한테 반드시 있어야 합니다. 이런 문제를
예리하게 알아챌 수 있는 교사는 치료하는
의사처럼 아이한테 영향을 줄 수 있다고
말하고 싶습니다. 제가 이렇게까지 말을 해야
하는 이유가 있습니다. 이런 주제에 관한
한 그저 지나가는 투로 경고만 해서는 별로
이루어지는 것이 없기 때문입니다. 경고만으로
해결될 문제라면 할 일이 있어서 계속 교실에
있는 교사만 영향을 미칠 수 있겠지요. 그에
반해 외적인 약품을 통해 아주 많은 것을
이룰 수 있습니다. 방금 언급한 아이의 경우
인燐을 희석해서 조제한 약을 먹입니다.
그러면 요령이 없는 아이나 앞에 말한 것과
같이 허약한 체질의 아이와 함께 무언가를
하기가 상대적으로 쉬워진다는 것을 알수
있게 됩니다. 물론 아이한테 경고도 하면서

말입니다. 문제가 유기체 깊이 들어앉아
있어서 외적으로 드러나지 않고 아이의 장에
금세 가스가 차는 등 내부에 머문다면 유황을
먹입니다. 증상이 좀 더 외적으로 드러나는
경우에 인을 함유한 조제약을 씁니다. 이
경우에는 부모한테 당부하십시오. 화려한
색으로 꽃을 피우는 식물의 꽃에 들어 있는
어떤 것을 음식에 섞어 먹이라고 말입니다.
좀 과격한 예로 아이가 심한 야뇨증이 있다고
합시다. 이렇게 증상이 외부로 드러나는
경우에는 인이 함유된 조제약이 분명 굉장히
좋은 효과를 보일 것입니다. 식이 요법으로도
그런 효과를 볼 수 있습니다. 아이가 먹는
음식에 고추나 후추를 아주 조금 넣어 주라고
부모에게 당부하십시오. 물론 그 후에 아이

상태를 관찰하고 평가해야 합니다.*

24.   이런 문제가 있는 경우에는 반드시
      교사진이 올바른 방식으로 협력해야 합니다.
      우리 교사진에 보건 담당으로 콜리스코
      박사가 있으니 상황은 더할 나위 없이
      훌륭합니다. 아동 건강과 관련해 어떤 문제가
      있다면, 반드시 콜리스코 박사와 먼저 상담한
      후에 조처를 취해야 합니다. 이 관계에서
      올바른 판단을 내릴 수 있으려면 화학적,
      생리학적 사항에 관한 전문 지식이 있어야
      하기 때문입니다. 하지만 교사 각자도 반드시
      이런 문제를 볼 줄 아는 눈을 키워야 합니다.

---

* 옮긴이_ 루돌프 슈타이너는 이 문단에서 꽃과 열매를 식이 요법으로
추천하는데, 이는 인간과 식물의 관계에 근거를 두는 것으로 사료된
다. 식물의 뿌리는 인간의 신경-감각 체계와, 식물의 줄기는 인간 리듬
체계와, 식물의 꽃과 열매는 신진대사 체계와 비교할 수 있다. 그러므
로 신진대사에 문제가 있는 경우 꽃에서 추출한 물질이나 열매를 식이
요법으로 쓰면 특정 효과를 볼 수 있다는 의미로 이해할 수 있다.

25. 사랑하는 여러분, 이 주제와 관련해 제가
늘 반복해서 말하는게 있습니다. 교사가
다른 무엇보다 수업 자체를 통해서 한쪽에
신경-감각 체계와 반대쪽에 신진대사-사지
체계가 올바른 방식으로 서로 관계하도록
배려해야 한다는 것입니다. 이 양 체계가
올바른 방식으로 상호 관계하지 않으면 리듬
체계에 온갖 불규칙적인 것이 생겨납니다.
아이의 호흡과 혈액 순환 체계에 불규칙적인
것이 조금이라도 보이면, 즉시 주의 깊게
살펴보아야 합니다. 왜냐하면 이 체계는
머리 유기체와 신진대사-사지 유기체가
제대로 공동 작용하지 않는다는 것을 보여
주는 유기적 잣대기 때문입니다. 그런 것을
알아채는 즉시 첫 번째로는 두 체계의 공동
작용에서 무엇이 정상이 아닌지 질문해야
합니다. 두 번째로는 여러분이 수업을

하면서 ─학급의 보건 문제에 관한 개별
사항은 다음 시간에 다루겠습니다.* 오늘은
원리적인 사항만 이야기하겠습니다.─ 아동이
표면으로, 즉 육체 주변부로 나가도록 만드는
요소와 내면으로 들어가도록 만드는 요소를
적절히 번갈아 했는지 정말로 명확하게
돌아봐야 합니다.

26.   교실에 들어가서 두 시간 동안 수업을
    하면서 아이들을 어떻게든 한 번도 웃기지
    못하는 사람은 사실 교사가 되기에
    부적절합니다. 왜냐하면 그런 사람은
    아이들이 육체 주변부로 나갈 상황을
    만들어주지 못하기 때문입니다. 수업 중에
    어떤 것으로 감동을 주어 아이들이 아주
    조금이라도 내면으로 들어가도록 하지 못하는

* 원발행자_ 이 주제는 다시 다루어지지 않았다.

사람도 역시 교사로 일하기에는 적합하지
않습니다. 왜냐하면 아이들을 웃기고 울리는
극단적인 분위기가, 희극성과 비극성이
수업에 번갈아 있어야 하기 때문입니다.
물론 아이들이 깔깔거리며 웃지 않고 그저
속으로만 재미있어 해도 되고, 슬퍼하며 엉엉
울지 않고 내적으로 살짝 감동받은 정도에
그쳐도 됩니다. 어쨌든 필수적인 것은 수업에
그런 분위기가 스며들게 하는 것입니다. 수업
중에 그런 분위기를 만들 가능성, 이것이 곧
보건적 조처입니다.

27. 여러분의 사생활에서는 진지하고 심각한
    태도가 옳을 수 있습니다. 그런데 여러분이
    그런 태도로 교실에 들어간다면, 차라리
    교사가 되지 않는 편이 낫습니다. 아이들을
    육체 주변부로 나가도록 하는 것은 실로

필수불가결한 요소입니다. 수업 중에 도저히
어찌 할 방도가 없었다고 합시다. 그렇다면
적어도 수업이 끝날 무렵에는 재미있는
이야기를 하나 들려주어야 합니다. 수업
시간 내내 아주 심각하고 진지한 방식으로
아이들을 고생시켰다면, 아이들 두뇌가
혹사당해서 얼굴에 경련이 일어날 정도라면,
말도 안 되는 웃기는 이야기라도 해 주면서
수업을 마무리해야 합니다. 이런 것이
필수적으로 있어야 합니다.

28. 문제는 이 주제에 있어 다방면으로 과실을
범할 우려가 있다는 것입니다. 아이들이 수업
시간 내내, 예를 들어서 보통 문법이라 불리는
것에 집중해야 하면 건강 상태가 완전히
망가질 수 있습니다. 주어, 목적어, 직설법,
접속법 등으로 불리는 모든 것을 구분하라

시키면, 아이들 마음 절반은 콩밭에 가 있을
만한 것을 구분하라 시키면, 그것만으로 이미
아이들 건강을 망가트리기에 충분합니다.
아이가 직설법인지 아니면 접속법인지
구분하는 동안 아침에 먹은 음식이 몸
속에서 끓어오릅니다. 영혼은 아무 영향도
미치지 못하는 상태에서 유기체 속에서
끓어오릅니다. 이는 미리 병을 양성하는
것이나 마찬가지입니다. 15년이나 20년 세월이
흘러 성인이 된 어떤 시점에 장질환이나
위장병이 생길 수 있습니다. 장질환은 그
원인이 대부분 문법 수업에 있습니다. 이는
극히 중요한 사항입니다. 그리고 교사가
교실에 들여가는 정서와 분위기, 이 모든
것은 무수히 세밀하게 얽히고설킨 채 정말로
아이들한테 건너갑니다.

29. 이에 관해서는 우리가 이 자리에서
이미 다루었고, 이러저러한 계기로 적잖이
이야기했습니다. 그래도 발도르프학교
수업이 내적으로 활기를 띨 수 있도록 특히
이 방향에서 몇 가지가 더 개선될 필요가
있습니다. 이에 관해 어떤 것을 긍정적으로
말해야 한다면, 최고로 바람직한 것은, ─물론
이상은 금세 성취되지 않는다는 것을 저도
알고 있습니다.─ 발도르프학교 교사가 초안이
없이 수업을 하는 것입니다. 교사가 사전에
정말로 충분히 준비했기 때문에 초안이
없이 수업을 할 수 있다면, 교사가 자신을
위해 적은 것을 수업 중에 들여다볼 필요가
없다면, 그야말로 최고로 바람직합니다.
교사가 철저히 준비하지 않아서 공책에 적어
온 것을 들여다봐야 한다면, 그 즉시 교사와
아이들 사이에 필수불가결한 내적 접촉이

중단됩니다. 사실 교사는 그런 초안을 들고 교실에 들어가서는 절대 안 됩니다. 이런 것은 물론 이상에 속합니다. 하지만 저는 비난하는 의미에서 말하는 게 아닙니다. 여러분한테 가장 근본적인 의미가 있는 어떤 것을 유의시키기 위해서일 뿐입니다. 이런 모든 것은 보건적 차원에서도 역시 중요합니다. 왜냐하면 교사의 정서는 전적으로 아이들 정서 속에서 계속 살기 때문입니다. 교사는 아이들에게 가르치고자 하는 것을 먼저 구체적으로 그린 다음에 그 구상을 마음 속에 품고 교실에 들어가야 합니다. 그렇게 하면 모든 내용을 책에서 읽어 주는 교사의 교실에 앉아 있는 아이들에 비해 여러분의 아이들은 적잖은 신진대사 문제를 정말로 더 쉽게 극복할 수 있게 됩니다.

30. 옛 시대 사람들은 교육이 곧 치료라는
사실을 알고 있었습니다. 인간 유기체는
사실상 언제나 그 자체를 통해 병적인 상태에
빠져드는 경향이 있기 때문에 가르침과
교육을 통해 끊임없이 치료해야 한다고
보았습니다. 교사 각자가 특정한 의미에서
자기 아이들을 위한 의사라는 의식을
뼛속 깊이 새긴다면, 정말로 대단히 유익할
것입니다.

31. 교사는 자신을 극복하는 예술을 반드시
배워야 합니다. 그렇게 함으로써 학급
아이들이 건강을 지킬 수 있게 됩니다. 교사는
자신을, 즉 자신의 사적인 인간을 교실에 함께
데려가서는 절대 안 됩니다. 수업에서 다룰
내용을 통해서 될 그 사람에 대한 그림을
지니고 교실에 들어가야 합니다. 그렇게

하면 교사가 수업 내용을 통해서 어떤 것이
됩니다. 그리고 수업 내용을 통해서 되는
바로 그 사람이 학급 전체에 엄청난 활기를
주면서 작용합니다. 교사가 어딘가 몸이
좀 불편한 상태에 있다고 합시다. 그런데
수업을 하고 나면 그 상태가 적어도 어느
정도까지 극복된다고 느껴야 합니다. 이런
교사는 생각할 수 있는 가장 유리한 방식으로
아이들한테 작용합니다. "수업은 바로 나
자신을 치유하는 것이다. 나는 사실 무뚝뚝한
사람인데 수업을 할 때는 재미있는 사람이
된다." 교사는 바로 이 정서를 가지고 교실에
들어가야 합니다.

32. 이런 연관성을 염두에 두고 다음과
같은 것을 한번 생각해 보십시오. 여러분이
교실에 들어갑니다. 거기에 아이들이 앉아

있습니다. 학교가 파하고 집에 갑니다. 그런데 집에 온 아이가 구토제를 필요로 합니다. 당연히 다른 일 때문입니다. 구토제를 먹어야 하는게 학교 수업 때문이라고는 말하지 않겠습니다. 발도르프학교에서는 그런 일이 절대 일어나지 않습니다. 네, 부모가 아이한테 구토제를 먹여야 합니다. 분명 학교 수업 때문은 아닙니다! 그런 것은 다른 학교에서나 있는 일입니다. 그런데 여러분이 '수업은 나를 무뚝뚝한 사람에서 내적으로 재미있는 사람으로 만든다'는 기분으로 교실에 들어갔다면, 만일 그랬다면 아이가 집에 가서 구토제를 먹을 필요가 없었을 수도 있습니다. 여러분이 교실에 제대로 존재함으로써 아이가 수업 내용을 소화할 수 있습니다. 교사의 윤리 상태는 아이들의 보건에 지대한 의미가 있습니다

33. 이것들이 오늘 제가 여러분께 전하고자
    하는 것입니다. 물론 계속해서 더 다루고
    연구해야 합니다.

34. 이제 이와 관련해 여러분이 질문하고 싶은
    것들이 있겠지요?

....

질문: 저희가 예전에도 질문한 적이 있는데, 인간의
    세 가지 체계는 기질과 어떤 관계에 있습니까?

35. 점액질과 다혈질은 신경-감각 체계와,
    담즙질과 우울질은 신진대사-사지 체계와
    관계합니다.

질문: 건성으로 배우는 아이는 머리가 크다고 했습니다.
    그런데 제 반에 심하게 건성으로 배우는 아이가
    있는데 머리가 작습니다.

36.   큰 머리 아이는 건성으로 배우는 반면에
작은 머리 아이는 꾹 눌러 품고 있으면서
곰곰이 생각하는 편입니다. 그렇지 않다면
선생님이 올바르게 판단하지 않은 것입니다.
작은 머리 아이가 심하게 건성으로 배운다면,
올바르게 관찰하지 않은 게 확실합니다.
이런 사항은 방향을 잡기 위한 기준입니다.
일단 올바르게 관찰하고, 그 다음에 본질을
투시해야 합니다. 아이를 저한테 한번
데려오세요. 꾹 눌러 품고 있으면서 곰곰이
생각하는 아이를 여러분이 가끔은 피상적인
아이로 오인하는 수도 있습니다. 꾹 눌러 품는
성격이 피상적인 것을 통해 은폐되는 수도
있습니다. 이런 것이 아이들 경우에는 쉽게
가능합니다.

질문: 이 내용은 어느 나이까지 해당합니까?

37.   대략 17세, 18세까지 해당합니다.

질문: 고등부 여학생인데 식초가 들은 물을 자주
     마시고 싶어합니다.

38.   그 여학생은 어떤 식으로든 집중을 할
      성향이 전혀 없다고 볼 수 있습니다. 집중력이
      전혀 없는 것이지요. 그런데 사람이 살다
      보면 가끔은 집중해야 할 일이 생깁니다.
      외부 영향만 아니라 여학생의 유기체로
      인해서 역시 집중해야 할 일이 생깁니다.
      그러면 식초를 탄 물을 마시면서 목을 통해
      집중하려고 합니다. 여학생은 집중할 능력이
      없는데, 육체가 가끔씩 그렇게 하라고
      요구합니다. 그러면 식초가 들은 물을
      마심으로써 그 상태를 극복하는 것이지요. 이

경우에는 특별히 어떤 것을 해야 할 필요가
없습니다.

질문: 전혀 집중할 수 없는 아이는 어떻게 도와야
    합니까?

39. 그런 경우에는 단음식을 먹이는 것도 별로
    나쁘지 않습니다. 물론 양을 적절히 조절해야
    합니다. 그러니까 염분이 아니라 당분으로
    식이 요법을 하는 것이지요.

1학년 담임이 자기 반 아이에 관한 질문을 한다.

40. 이 아이는 다음과 같이 치료해야 합니다.
    부모한테 아이 복부에 찜질을 해 주라고
    하십시오. 따뜻한 물에 담갔다가 꼭 짜낸
    수건으로 해도 됩니다. 장기간 그렇게 해
    주면 아스트랄체가 신진대사-사지 체계 속에

확고하게 들어앉았습니다. 이 아이의 경우에는
은으로 조제한 약이 적절합니다. 아이한테
필요한 것은 다름 아니라 신진대사-사지
체계를 활성화해서 아스트랄체의 활동을
받아들일 수 있도록 돕는 것입니다. 은과 복부
찜질 등이 좋습니다. 아이는 자신 내부에서,
더 정확히 말해 신진대사 속에서 전혀 살지
않습니다. 개별 사례를 다루려면 반드시
전체적인 그림을 봐야 합니다.

학교 의사: 미래에는 매일 아이들을 고찰하도록
계획하면 어떨까 생각해 보았습니다.

41. 오늘은 제가 특히 아동 유기체에 초점을
맞추었습니다. 그런데 의사를 대상으로 하는
의학 강의에서 그런 식으로 하면 좋겠습니다.
거기에서 더 세밀하게 전문적으로 다룰 수
있을 것입니다.

42.   우리에게 새 행정 규칙이 전달되었고, 그에
   대한 보고서가 있습니다.

   교사: 제가 교사 회의에서 논의한 내용을 보고서로
   작성했습니다. 학교 준비 위원회 측에서는 잠정적으로
   마무리 지은 사항이 있습니다. 계속 논의해야 할
   안건이 있는데, 그것은 행정 위원회 소관일 것입니다.

43.   개별 사항에 있어 의견을 표해야 할
   필요가 있다고 생각하는 사람한테 그렇게 할
   기회를 주는 게 좋겠습니다.

   현 행정 위원: 저는 교사 회의에 대한 자세를 새롭게
   하는 것이 중요하다고 생각합니다. 이 자리에 교사
   회의를 불필요한 것으로 여기는 사람이 있어서는
   절대 안 됩니다. 교사 회의에 참석해 별관심 없이
   그저 앉아 있기만 하는 분위기는 반드시 사라져야
   합니다. 저는 교사 회의가 중요하다는 의식이 생겨날

수 있다고 생각합니다. 예전에 교사 회의에 훨씬 더
강하게 있었던 것, 그러니까 우리가 처음 시작했을
때* 우리 내면에서 계속해서 작용했던 것이 다시
생겨날 수 있다고 생각합니다. 이는 제가 새로
생각해낸 것이 아닙니다. 행정 문제는 교사 회의
안건이 되지 않도록 노력하겠습니다.

부모들 측에서 강의를 해 주실 수 있는지 문의가
들어왔습니다

44. 현재 실로 절실히 필요한 것은, 일단
열심히 일을 해서 인지학 협회가 독자적으로
존립할 수 있도록 만드는 것입니다. 그러면
그것을 뒷전에 제쳐 두는 수밖에 없지
않겠습니까?**

---

* 발행자_ 1919년 8월과 9월에 발도르프학교 건립을 준비했던 시기

**옮긴이_ 인지학 협회 일이 너무 많아서 다른 강의를 할 시간이 거의 없
다는 것을 이렇게 돌려서 표현한 듯

45. 교사 회의에 대한 위화감 때문에 저는 일종의 경련이 일어날 지경입니다.

교사: 개인적으로 대화를 하면 충분히 좋은 결과가 나올 수 있는 안건을 교사 전원이 참석하는 회의에 가져와서는 안 된다는 생각입니다. 교사 회의에 별로 좋지 않은 기운이 감돌고 있습니다. 교사 회의를 어떤 식으로 조성해야 편안하고 긍정적인 분위기가 될지 숙고해 보았습니다.

46. 이런 문제는 사실 불만이 있는 바로 그 사람이 개인적으로 노력해서 회의를 개선하도록 기여해야 하는 것 아닙니까? 교사 회의가 너무 흉해 보인다면, 여러분 각자가 가능한 한 아름답게 만들려는 노력을 할 수 있는 것 아닙니까? 여러분이 교사 회의를 마치고 나갈 때 어쩐지 묵직하게 짓눌리는

듯해서 뭔가를 털어내야겠다는 생각이
든다면, 여러분 자신이 자세를 바꾸어 문제를
개선하도록 노력해야 합니다. 그러면 다음
회의에서 다른 사람들이 편안한 마음으로
집에 갈 수 있을 것이고 여러분 자신도
편안하게 느낄 것입니다. 교사 회의에 무엇을
요구해서는 안 됩니다. 그렇게 하기보다는
교사 회의에 기여해야 한다는 마음가짐이
있어야 합니다. 이런 문제에 있어서 좋은
결과를 내는 것은 비판이 아니라, 여러분
각자가 내적으로 문제를 개선하고자 하는
노력입니다.

47.　여러분이 거론한 것 중에 많은 것이
정말로 너무 많은 숙고가, 여기 우리 학교에
바치는 것보다 더 많은 숙고가 필요한
영역에 속합니다. 그것은 바로 '교사진의

상호 교류'입니다. 예외 사항과 개별적으로
개선될 수 있는 것은 일단 제외하고 생각해
보면, 어쨌든 근래 들어 학교 수업에 만족할
만한 것이 생겼다고 말할 수 있습니다.
수업 수준이 상당히 향상되었습니다. 이에
반해 교사진에는 특히 상호 교류에 있어서
냉정한 기운이, 얼음장같이 냉랭한 분위기가
지배하고 있습니다. 그리고 교사 회의에
감도는 언짢은 기운은 그런 얼음장 같은
분위기가 너무 심한 경우에만 생깁니다.
교사들의 상호 교류가 무엇인지는 차치하고,
일단 그 얼음장같이 냉랭한 분위기는 정말로
타파되어야 합니다.

48. 교사 회의에서는 서로 친해질 수 없다고
말하는데, 저는 정말 이상하다는 생각이
듭니다. 아침부터 저녁까지 늘 함께 붙어

있는 집단이라 쉬는 시간마다 만나서 서로
미소 지으며 정답게 이야기하고 진심 어린
소식을 나눌텐데 어째서 교사 회의에서
친해져야 합니까? 서로 친해질 기회가 그렇게
많은 집단에서 어떻게 이런 문제를 교사
회의에 가져와야 하는지 저는 정말 이해할
수 없습니다. 교사 회의는 각자가 줄 수 있는
최상의 것을 내놓는 자리입니다. 문제는
교사들이 평소에 서로 그저 스쳐 지나간다는
것입니다. 마주 보고 미소 짓는 일이 드물다는
것입니다. 물론 면전에서 서로 거칠게
진실을 말할 수도 있습니다. 그것은 소화를
촉진합니다. 적재적소에서 발생하면 전혀
해가 되지 않습니다. 그래도 교사들 상호 간에
다음과 같은 자세가 반드시 있어야 합니다.
"저 교사가 나한테 보이는 감정은, 내가 그를
좋아해서 혹은 싫어해서가 아니라 우리가

함께 발도르프학교 교사라서 그런 것이다."
슈투트가르트 인지학 협회 회원들도 마치
외부에서 일상적으로 만나듯이 협회에서 서로
조우합니다. 그런데 사실은 인지학을 하는
사람이기 때문에 역시 특정 방식으로 서로
조우해야 합니다. 어떤 사람이 발도르프학교
교사라면, 역시 다른 방식으로 서로 조우해야
합니다. 그러면 그것이 쉬는 시간에 만나서
서로 간에 주고받는 미소와 비판 등 모든
표현 속에 특별한 음색을 부여합니다. 언짢은
기분으로 뚱해 있는 얼굴이 너무 자주
보입니다. 이런 것은 눈여겨보고 풀어야 할
문제입니다.

49.   교사 회의에서 어떤 식으로 불만이
     거론되는지 보면 저는 급성 경련이 일어날
     지경입니다. 다른 곳에서 상호 간에 얼마나

불만이 많고 서로 얼마나 무관심하기에
여기 교사 회의에서 그런 것을 말해야 하는
것입니까? "우리 발도르프학교 선생님들
모두와 함께 이렇게 한 자리에 앉을 수
있어서 기뻐 죽겠다!" 어째서 교사진에 이런
분위기가 충만하지 않은지 저는 도저히
이해할 수 없습니다. 올바른 분위기는 다음과
같이 말하는 것입니다. "벌써 8일 동안
교사 회의가 열리지 않았다. 이제 우리 모두
한자리에 모일 수 있어서 정말 다행이다."
상황이 이렇지 않은 것을 보니 저는 일종의
경련이 일어납니다. 발도르프학교 교사가
다른 발도르프학교 교사를 호의로 대하지
않는 경우는 하나도 없을 것입니다. 모두 함께
앉아 있는 이 자리에서 양심상의 문제를 다룰
필요는 없습니다. 교사진과 같은 입장이라면,
그런 것은 각자가 해결할 문제라 할 수

있겠습니다. 저는 모든 것이 요령껏 풀리리라
예상합니다.

50. 가끔씩 교사들이 함께 소풍을 가는 것도
    굉장히 좋습니다. 교사 회의는 각자가 가능한
    한 다른 모두를 고무하는 쪽에 중점을 두어서
    호된 질책이나 비판이 생길 계기가 전혀
    없어야 합니다. 다른 교사를 비판해야 한다는
    생각이 든다면, 다음과 같이 다짐해야 합니다.
    "이런, 이게 아니지. 내가 무엇을 해야 다음
    시간에 이 문제를 개선할 수 있을까?" 이렇게
    생각하지 않는 사람은 괴짜임에 분명합니다.
    그리고 교사 회의에 적대감이 있는 사람은
    그런 괴짜일 수밖에 없습니다. 이 외에도
    불만을 품은 사람들이 더 있습니까?

    학교 규율에 관한 문제가 언제나 거론되기는 하는데
    긍정적인 방향으로 해결되지 않는 상황입니다.

51. 일반적으로 1학년에서는 기강을 잡는
것에 적잖은 이의를 제기할 수 있습니다.
학년이 올라갈수록 기강을 잡는 것에 심하게
반대할 거리가 없어집니다. 그런데 저는
여러분의 아이들이 얼마나 더 착한 모범생이
되어야 하는지 잘 모르겠습니다. 여러분
반에서 본 아이들은 평균적이었습니다! 제가
말할 수 있는 것은, ―이와는 별도로 1학년
아이들이 소란을 떠는 것은 아주 자연스러운
일입니다.― 규율과 관련해 매우 훌륭한
학급이었다는 것입니다. 그런데 이 규율 문제가
실제로 영원한 소란거리일 수 있습니다. 만일
그렇다면, 계속해서 제대로 다루어야 합니다.
불편하다고 교사 회의에서 더는 규율에
관한 문제를 다루지 않겠다는 분위기에
빠질 수는 없는 노릇입니다. 오히려 그것을
더 많이 다루어야 합니다. 마침 규율에 관한

이야기를 하니 일종의 전설적인 의미가 있는
의문을 하나 제기하겠습니다. 아마도 그런
것은 (발도르프-아스토리아) 회사 학교 외부에서
일어나는 일이겠지요. 다른 한편으로는 이
의문을 논의하기 위해 교사진 중에 누구를
불러내야 할지 모르겠습니다. 이 의문과
관련해 이러저러한 것을 암시할 필요는
없습니다.

52. 그 의문이란, 발도르프학교에도 아이들을
때리거나 뺨을 치는 교사가 있는가 하는
것입니다. 저는 이런 것을 사적으로 대화해서
풀고 싶습니다. 발도르프학교 교사가
아이들을 때린다는 말이 항간에 나돌고
있습니다. 아이들을 때리는 문제에 관해서는
우리가 자주 이야기했습니다. 규율은
체벌한다고 개선되는게 아닙니다. 오히려 더
나빠집니다. 이 점을 반드시 고려해야 합니다.

이제 제가 질문합니다. 아마 그 누구도 그에 관한 정보를 줄 수 없을텐데, 우리 학교에서 아이를 때린다는 것은 그저 전설에 불과한 일입니까? 그저 중상모략적인 소문이 확산되는 것입니까? 아니면 발도르프학교에서 뺨을 친다는 소문이 사실입니까? 아이에게 그렇게 하면 실로 아주 많은 것들이 망가집니다. 그렇게 하지 않으면서 아이들을 가르치는 것이 발도르프학교 교사의 이상이 되어야 합니다. 아이들에게 체벌을 하지 않으면서 가르치면 기강도 더 나아질 것입니다.

저는 8학년에서 영어를 가르치는데, 그 반에 규율이 너무 문란하다는 생각입니다.

53. 8학년 담임 선생님이 이에 대해 할 말이 있습니까?

8학년 담임 교사가 보고한다.

54.   아이들에 대한 교사의 개인적인 관계를
거의 고려하지 않는다면, 교육적으로
올바르게 질문하지 않는 것입니다. 네,
개인적인 관계를 만들어 낸다는 것은 분명
어려운 일입니다. 그것은 그냥 생겨나야
하는 것입니다. 그리고 개별적인 경우에는
생겨나도록 할 수 있습니다. 한 가지 염두에
두어야 할 것은 (우리 학교의) 언어 과목 수업이
(일반 학교와) 극단적으로 상이하다는 것입니다.
우리에게 발도르프 교육학이 있는데도
불구하고 예를 들어서 문법을 너무 많이
가르치는 경우가 왕왕 있습니다. 아이들은
문법을 쉽게 받아들이지 못합니다. 부사나
접속법 등과 같은 것을 가르치면서 어떻게
아이들을 얌전하게 붙들어 둘 수 있는지
저는 도저히 이해할 수 없습니다. 왜냐하면

보통 아이라면 절대 흥미를 보일 수 없기 때문입니다. 기껏해야 교사를 좋아하기 때문에 아이들이 똑바로 앉아 있을 수는 있겠지요. 언어 과목 수업에서 문법과 관련해 문제가 있다는 게 아이들을 꾸중할 이유는 되지 못합니다. 이것은 아마도 발도르프학교의 모든 외국어 과목 교사가, —네, 해야 할 게 너무 많습니다.— 모든 언어 과목 교사가 함께 모여서 아이한테 이해할 수 없는 물건을 이야기하지 않을 방법을 찾아내도록 연구하면 비로소 기정사실화 될 것입니다. 중점은 아이들이 어떤 언어로 표현할 수 있는가 하는 것입니다. 부사나 접속법이 무엇인지 아는 것은 중요하지 않습니다. 물론 아이들이 배우고 있기는 합니다. 그런데 제가 몇몇 학급에서 본 바로는, 이 주제가 다루어지고 있는 그대로는 아직

발도르프 교육학이 아닙니다. 이것은 교사
회의에서 반드시 논의되어야 하는 주제입니다.
이 자리에 외국어 과목 교사가 다수 앉아
있습니다. 각자가 자기 길만 가고 다른 동료는
거의 돌보지 않습니다. 외국어 과목은 서로
도움을 주고받을 가능성이 굉장히 많습니다.
저는 아이들이 왜 수업 중에 소란을 떠는지
압니다. 아이들은 교사가 자기한테 무엇을
원하는지 모르기 때문에 소란을 떠는
것입니다. 외국어 수업은 오랫동안 너무
심하게 대수롭지 않은 과목으로 다루어져
왔습니다.

외국어 과목 교사들이 이미 논의하기 시작했습니다.

55.   근래에 제가 어떤 반에 들어간 적이
     있습니다. 그 때 현재형과 미완료未完了형에
     관해 이야기하고 있었습니다. 라틴어 수업이

아니라면 아이들이 그런 것으로 무엇을 할 수 있겠습니까? 그런 표현으로 아이들이 무엇을 할 수 있습니까? 인간 본성에 맞지 않는 것들이 문법 수업에 너무 많이 들어 있다는 것을 절실히 통감해야 합니다. 외적인 방식으로 규율을 지키도록 하는 학교에서는 학생들 스스로 수업의 가치를 통해서 협조해야 하는 학교에 비해 쉽게 기강을 세울 수 있다는 것은 더 말할 필요가 없겠지요. 현재형, 접속법, 직설법 등 이런 표현을 모두 폐기해야 한다는 말이 아닙니다. 아이들이 그런 것으로 무엇인가 할 수 있도록 수업을 해야 한다는 것입니다. 제가 그 학급에서 본 바로는 아이들이 그런 것으로 아무 것도 할 수 없었습니다.

고등부 학생들은 시험을 봐야 한다는 걱정이 있고, 중등부 아이들은 배우려는 열정이 부족합니다.

56.   아이들에게 부족한 것은 그게 아닙니다.
여러분은 완전히 다른 영역에서 그 부족한
것을 찾아야 합니다. 부족한 것은 그게
아닙니다! 여느 문법 수업보다 더 나은
특별한 언어 수업이 있습니다. 여러분에게
몹시 거슬리겠지만 저는 지금 이 자리에서
그 특별한 언어 수업에 관해 말하지 않을
수 없습니다. 그 특별한 언어 수업은 우리
학교에 언어 과목 교사들 대부분이 하는
문법 수업보다 훨씬 낫습니다. 저는 주요
결점이 교사 스스로 문법을 잘 모른다는 데에
있다고 생각합니다. 교사들 내면에 생기에
찬 문법이 하나도 없습니다. 여러분에게
문법에 관한 것을 가르치기 위해 교사
회의를 이용한다고 저를 나무라지 마십시오!
저는 문법 용어가 이용되는 양식이 너무
끔찍하다는 생각입니다. 그리고 제가

학생이라면 역시 그런 것에 신경 쓰지 않을 것입니다. 왜 교사가 그것을 제 머리 속에 집어넣으려 하는지 모르기 때문에 소란을 피울 것입니다. 문제는, 어떻게 합리적인 문법 능력 자체를 얻는지 터득하기 위해 교사 스스로 충분히 많은 시간을 쓰지 않는다는 것입니다. 여러분 스스로 문법 능력을 얻기 위해 노력한다면, 그것이 아이들을 고무하는 식으로 작용합니다. 문법 수업은 문자 그대로 말해서 끔찍한 것입니다. 외적으로 행해지는 것입니다. 그래서 사실은 학교에서 하는 것 중에 가장 소름 끼치는 것입니다. 문법책에 실려 있는 모든 것은 불태워서 없애 버려야 합니다. 그 자리에 생기에 찬 것이 들어서야 합니다. 그러면 아이들이 과거형은 무엇인지, 현재형은 무엇인지 등에 대한 느낌 대신에 그 생기에 찬 느낌을 얻을 것입니다. 교사

내면에 언어의 정령이 살아 있어야 합니다!
이는 독일어 수업에도 해당하는 사항입니다.
독일어 수업에서도 이해할 수 없는 용어로
아이들을 잔인하게 고문합니다. 제가 이렇게
말한다고 해서 나쁘게 생각하지 마십시오.
사실 정말로 그렇습니다. 문법 용어를
적용하는 식으로 수학 용어를 적용해야
한다면, 여러분도 그것이 얼마나 소름
끼치는 일인지 이해가 갈 것입니다. 습관에
꽉 들어박힌 우리는 문법 수업이 얼마나
잔인하고 끔찍한지 생각조차 하지 못합니다.
이런 것이 우리 문화에 생겨난 것은 유럽이
굉장히 긴 세월 동안 한 가지 언어를 통해,
즉 라틴어를 통해 학대 당했기 때문입니다.
유럽 언어는 라틴어와 활기 있게 융합하지
못했습니다. 그로 인해 언어와 '외적으로
연결되어 있기'라는 것이 생겨났습니다.

이는 사실입니다. 그래서 그림 형제*를 통해 독일어 문법에 들어온 약간의 정신이 대단히 칭송받는 것입니다. 그나마 그것은 약간의 정신입니다. 오늘날 가르쳐지는 문법은 세상에 있는 것 중에서 가장 정신없는 것입니다. 이것이 수업에 나쁜 영향을 미칩니다. 이 상황에서 저는 언어에 지금까지 있는 것보다 더 많은 다른 것이 속한다고 말하지 않을 수 없습니다. 완전히 끔찍합니다. 사람이 언제나 탁월할 수는 없는 노릇입니다. 저는 그저 비판이나 꾸중만 하고 싶지 않습니다. 언어에 대한 훨씬 더 내적인 관계를 형성하는게 언어 수업에 속합니다. 그러면 언어 수업이 제법 정상으로 될 것입니다.

---

* 옮긴이_ 그림 형제, 야콥 그림Jacob Grimm(1785~1863)과 빌헬름 그림Wilhelm Grimm(1786~1859) 독일 언어학자, 민속학자. 『독일 어 문법Die deutsche Grammatik』 전 4권 1819~1826

57. 아이들이 언어 수업 시간에 집중하지 않는다면, 그 원인이 아이들에게만 있는 게 아닙니다. 부사는 무엇인지, 왜 아이들이 그런 것에 관심이 있어야 합니까? 그것은 야만적인 의성어일 뿐입니다. 수업에 지속하는 관계가 생겨나도록 하고, 그 관계 안에서 아이들이 자연스럽게 단어를 반복해서 기억하도록 할 때에만 제대로 하는 것입니다. 이렇게 하지 않고 아이들에게 달달 외우게 시키면, 게다가 나중에는 그렇게 달달 외우게 한 것에 여러분 자신이 별 흥미를 보이지 않는다면, 당연히 아이들도 더는 달달 외우지 않습니다. 예전에 배운 것을 나중에 다른 관계에서 다시 만나면, 아이들이 배우는데 의미가 있다는 것을 알아봅니다.

58. A선생님은 몇 가지를 악의로 오해하지 말았으면 합니다. 선생님이 오늘 '화학적

결혼식'*에 대해 이야기하는 것을 듣고 제가
좀 경악했습니다. 제가 그것은 선생님 자신을
위한 것이라고 분명히 말했습니다. 정신생활의
발걸음을 이해하기 위해 그렇게 다룰 수
있다고 했습니다. 그런데 선생님은 곧바로
아이들에게 이야기해 주었습니다. 선생님이
그 이야기를 끝까지 읽었다면
'화학적 결혼식'을 학교에서 다루는 것은
불가능하다고 알아봤을 것입니다. 각자가
개인적으로 그에 관해 어떤 것을 안다면
최고로 쓸모 있습니다. 그러면 다른 것들을
적절하게 처리하게 됩니다. 이제 선생님은
'화학적 결혼'에 나오는 왕들의 문제를 가능한
한 일목요연하게 가르치는 것 외에 다른 것은

---

* 옮긴이_ 『크리스티아니 로젠크로이츠의 화학적 결혼식Chymische
Hochzeit des Christiani Rosencreutz Anno 1459』 스트라스부르크,
1616

할 수 없게 되었습니다. 그러니까 하나의
모티브가 어떻게 다른 것으로 넘어가는지
아이들이 알아보도록 해야 하는 거지요.

그것을 어떻게 연결해야 할까요?

59. 문제는 간단합니다. 세 명의 왕과 같은
모티브는 시대를 관통하며 이어집니다. 그래서
'화학적 결혼식'에도 나오고 괴테의 '동화'*
에도 나옵니다. 이제 아이들과 해야 할 일은
동일한 표상이 어떻게 수백 년에 걸쳐서
작용하는지 보여 주는 것입니다. 선생님은
수백 년에 걸쳐 작용하는 다른 모티브를
이야기해 줄 수 있습니다. 그런 모티브는 많이
있습니다. 제가 선생님한테 보여 준 것들을

---

* 옮긴이_ 요한 볼프강 폰 괴테의 동화 『초록뱀과 아름다운 백합Märchen
von der grünen Schlange und der schönen Lilie』(도서출판 푸른씨앗,
2019)

한번 생각해 보세요. 괴테의 파우스트와 메피스토를 주데르만의 연극 〈명예〉*에서 로베르트와 트라스트로 다시 만납니다.

10학년 예술을 두 방향으로 다루었습니다. 한편으로는 어떻게 실러가 '메시나의 신부'** 에서 언어를 벗어나 음악적 효과로 가려고 하는지, 다른 한편으로는 어떻게 베토벤이 제 9번 교향악에서 인간의 음성을 통해 언어로 파고들려 하는지. 베토벤은 '환희의 송가'에서 실러를 조우합니다. 리하르트 바그너***가 이것을 굉장히 강하게 감지했습니다.

---

* 옮긴이_ 헤르만 주데르만Hermann Sudermann(1857~1928) 독일 극작가, 연극 〈명예Ehre〉는 1889년 베를린 레싱 극장에서 초연

** 옮긴이_ 프리드리히 실러 〈메시나의 신부Die Braut von Messina〉1803

*** 옮긴이_ 리하르드 바그너Richard Wagner(1813~1883) 독일 작곡가

60. 베토벤에 대한 실러의 위치를 확실하게
      중심으로 밀어 넣는 것이 특히 중요합니다.
      그 연령대 아이들이 그것을 가장 깊이 느낄
      것입니다. 특히 실러의 '메시나의 신부'에서
      합창단을 한쪽에 세워서 연극적 중심점으로
      만들면, 선생님이 '파르지팔'에 관해
      이야기하고 싶은 것을 가장 쉽게 다룰 수 있을
      것입니다.

하주현 옮김

[도서출판 푸른씨앗] 번역기획팀장이며,
안양발도르프학교 도움수업 교사로 일하면서
WLS(https://waldorflearningsupport.org)와 함께 발도르프 도움수업
교사 양성 과정(welg.korea@gmail.com)을 진행하고 있다.
주요 번역서 『발도르프학교의 미술수업』,
『청소년을 위한 발도르프학교의 문학수업』, 『발도르프학교의
수학』, 『발도르프학교의 연극수업』, 『배우, 말하기, 자유』,
『인생의 씨실과 날실』, 『TV 문제로 아이와 싸우지 않는 훈육법』 등

최혜경 옮김 www.liilachoi.com

본업은 조형 예술가인데 지난 20년간 인지학을 공부하면서 루돌프 슈타
이너의 책을 번역해 왔다.
쓸데없는 것에 관심이 많은 사람이라 그림 그리고 번역하는 사이사이에
정통 동종 요법을 공부했다.

번역서 『자유의 철학』, 『발도르프학교와 그 정신』, 『교육예술 1, 인간에
대한 보편적인 앎』, 『교육예술 2, 발도르프 교육 방법론적 고찰』, 『교육
예술 3, 세미나 논의와 교과과정 강의』, 『발도르프 특수 교육학 강의』,
『사회문제의 핵심』, 『사고의 실용적인 형성』, 『인간과 인류의 정신적 인
도』, 『젊은이여, 앎을 삶이 되도록 일깨우라!』 **밝은누리**
『천사는 우리의 아스트랄체 속에서 무엇을 하는가?』, 『어떻게 그리스도
를 발견하는가?』, 『죽음, 이는 곧 삶의 변화이니!』, 『인간 자아 인식으로
가는 하나의 길』, 『꿀벌과 인간』, 『신지학』 **도서출판 푸른씨앗**

저 서_『유럽의 대체의학, 정통 동종요법』 **북피아**

푸른씨앗 책

초록뱀과 아름다운 백합

요한 볼프강 폰 괴테 지음 최혜경 옮김

104쪽 6,000원

루돌프 슈타이너에게 깊은 영향을 준 괴테의 동화. 인간 정신과 영혼의 힘을 그림처럼 풍성하게 보여 준다.

천사는 우리의 아스트랄체 속에서 무엇을 하는가?
어떻게 그리스도를 발견하는가?
죽음, 이는 곧 삶의 변화이니!

루돌프 슈타이너 강의 최혜경 옮김

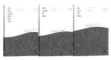

3권 세트 18,000원

세계 대전이 막바지에 접어든 1917년 11월부터 1918년 10월까지 루돌프 슈타이너가 독일과 스위스에서 펼친 오늘날 현실과 직결되는 주옥같은 강의. 근대에 들어 인류는 정신세계에 대한 구체적인 관계를 완전히 잃어버렸지만, 어떻게 정신세계가 여전히 인간 사회에 영향을 미치는지를 보여 준다.

꿀벌과 인간

루돌프 슈타이너 강의 **최혜경** 옮김

발도르프교육 100주년 기념 출간. 괴테아눔 건축
노동자를 위한 강의 중 '꿀벌' 주제에 관한 강의 9편
모음. 꿀벌과 같은 곤충과 인간과 세계의 연관성과
의미를 살펴본다.

233쪽 20,000원

인간 자아 인식으로 가는 하나의 길

루돌프 슈타이너 지음 **최혜경** 옮김

인간 본질에 관한 정신과학적 인식, 8단계 명상
『고차세계의 인식으로 가는 길』의 보충이며
확장이다. 책속에서 이 책을 읽는 자체가 내적으로
진정한 영혼 노동을 하도록 만든다. 그리고 이 영혼
노동은 정신세계를 진실하게 관조하도록 만드는
영혼 유랑을 떠나지 않고는 견딜 수 없는 상태로
차츰차츰 바뀐다.

127쪽 14,000원

동화의 지혜

루돌프 마이어 지음　**심희섭** 옮김

그림 형제 동화부터 다른 민족의 민담까지 옛 동화 속에 숨어있는 삶의 수수께끼와 고귀한 인간 정신을 발견한다. 1935년 독일에서 초판 발행 후 지금까지 전 세계 번역 출간 중

양장 412쪽　30,000원

12감각

알베르트 수스만 강의　**서유경** 옮김

인간의 감각을 신체, 영혼, 정신 감각으로 나누고 12감각으로 분류한 루돌프 슈타이너의 감각론을 쉽게 설명한 강의록. 『영혼을 깨우는 12감각』 개정판

양장 392쪽　28,000원

마음에 힘을 주는 치유동화

수잔 페로우 지음 하주현 옮김

'문제' 행동을 '바람직한' 행동으로 변형시키는
이야기의 힘. 부모, 교사, 치료사가 들려주는 치유
이야기의 효과와 사례

424쪽 20,000원

인생의 씨실과 날실

베티 스텔리 지음 하주현 옮김

4가지 기질, 영혼 특성, 영혼 원형의 3가지
키워드로 인간을 이해하며 성장하는 인생의 길
〈전기 작업(생애 돌아보기) 추천 도서〉

336쪽 25,000원

첫 7년 그림

잉거 브로흐만 지음 심희섭 옮김

유아기 아이들의 그림은 아이 개인의 예술 능력의 표현이라기 보다는 신체 발달의 표현이다. 〈아이들 그림의 비밀〉개정판

248쪽 18,000원

발도르프 킨더가르텐의 봄여름가을겨울

이미애 지음

2004년부터 지금까지 한국에서 발도르프 유아 교육 기관을 운영하고 있는 저자가 풀어낸 아이들과 보내는 하루, 일주일, 일 년의 리듬 생활

248쪽 18,000원

책크기_ 105*148 / 188쪽

본문 글꼴_ 나눔글꼴

발도르프학교의 아이 관찰

6가지 체질 유형 미하엘라 글렉클러 강의 \ 하주현 옮김
학교 보건 문제에 관한 루돌프 슈타이너와 교사 간의 논의 \ 최혜경 옮김

1판 1쇄 발행 2020년 3월 15일
개정판 발행 2021년 12월 20일(개정증보판)

펴낸곳 사)발도르프 청소년 네트워크 도서출판 푸른씨앗

 책임 편집 최수진 편집 백미경.최수진.김기원 번역기획 하주현
 디자인 유영란 홍보마케팅 남승희 총무 이미순

 등록번호 제 25100-2004-000002호
 등록일자 2004.11.26.(변경신고일자 2011.9.1.)
 주소 경기도 의왕시 청계로 189-6 전화 031-421-1726
 페이스북 /greenseedbook 카카오톡@도서출판푸른씨앗
 전자우편 greenseed@hotmail.co.kr

 www.greenseed.kr

값 **12,000** 원
ISBN 979-11-86202-42-5(04120) / 979-11-86202-15-9 (문고)

재생 종이로 만든 책

푸른 씨앗의 책은 재생 종이에 콩기름 잉크로 인쇄합니다.
겉지_ 두성종이 마분지 209g/m²
속지_ 전주페이퍼 Green-Light 80g/m²
인쇄_ 도담프린팅| 031-945-8894